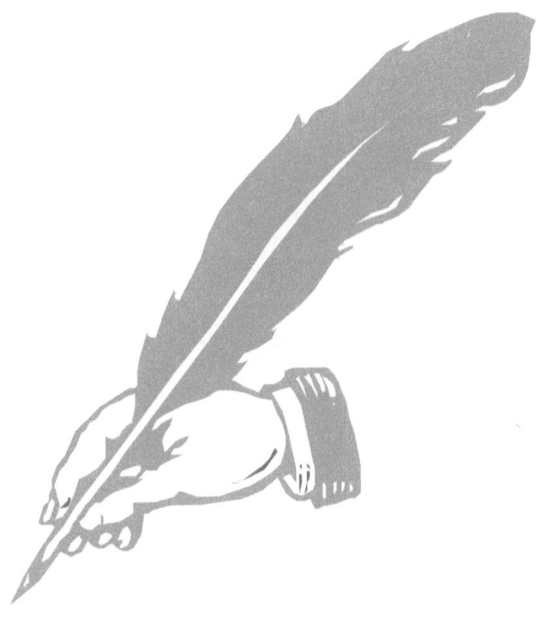

Poemas al viento

Edwin Antonio Gaona Salinas

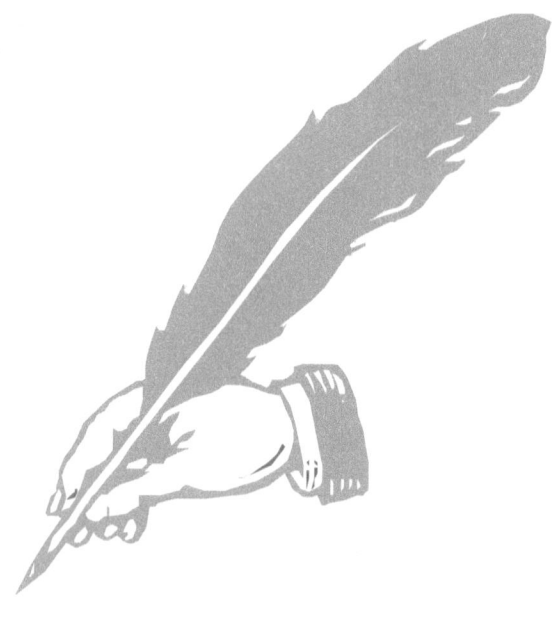

Título:

Poemas al viento

Autor:

Edwin Antonio Gaona Salinas

Segunda edición:

Septiembre 2019

Imagen de portada: Edwin Antonio Gaona Salinas

ISBN: **9781690868545**

Quito - Ecuador

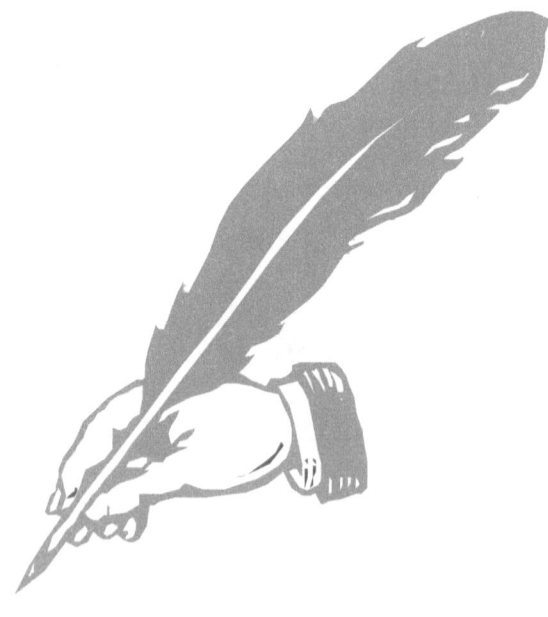

Agradecimiento

Con tanta vehemencia he querido dar mis versos, a los que vivimos de la poesía cuando somos soñadores. Quiero decir que, mi padre y mi madre, alguna vez hicieron de sus profundos sentimientos las raíces de mis palabras. Por eso, agradecer a quién firmó la razón de mi existencia, siempre ha sido mi mejor satisfacción. Dios bendiga a mis padres.

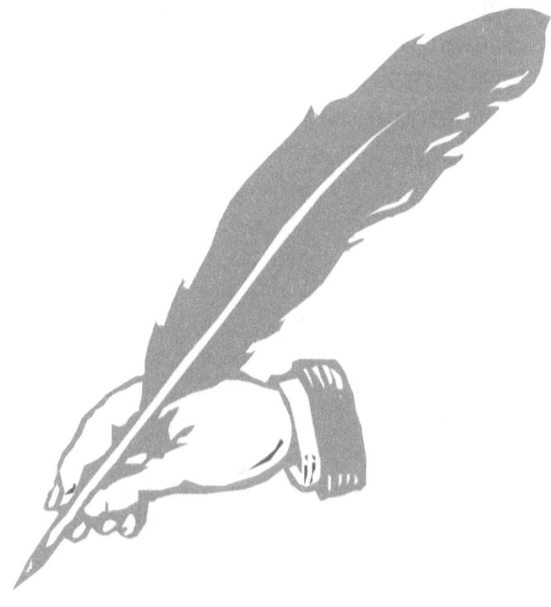

Dedicatoria

Hay muchas cosas hermosas que este mundo me ha dado, todas ellas han iluminado mi camino, en aquel resplandor nacieron Karina y José Luis. Mis hijos... Para ellos con cariño.

No olvido, a los que en días y noches comparten mis momentos, aquellos que hacen que sea poeta con la humildad y la alegría de vivir, para ellos mis mejores sentimientos.

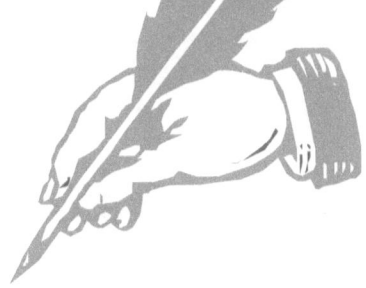

En la vida hay que agradecer a dos clases de personas, a los que nos reciben en este mundo y a los que permanecen con nuestra sombra al despedirnos, los unos generalmente están donde tú los quieres, los otros estarán ahí…

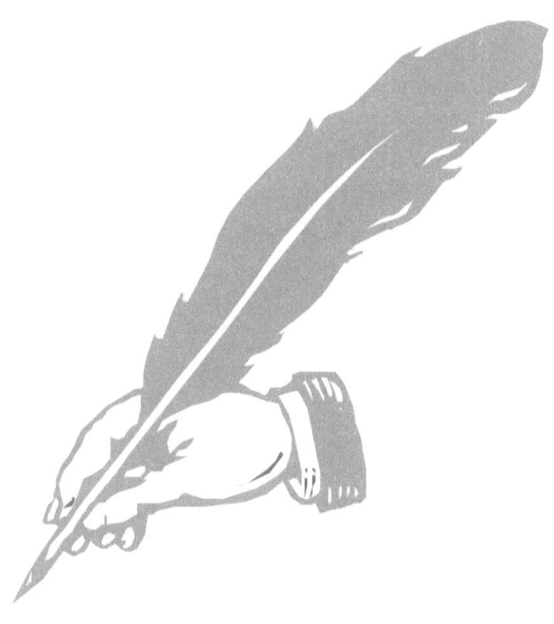

Hay días sin rumbo que seguir, las puertas están cerradas, los tonos de la respiración se absorben en lo substancial de muchos pensamientos complejos; se cruza todo un bagaje de palabras alimentadas por la indiferencia; la abulia florece o confirma su razón de existir, prosigue el caos interno desbaratando la estructura celular de la voluntad; y, al borde de la misma derrota…

Existes: Sin las palabras adoctrinadas de un psicólogo, ni la risa instigadora de nadie; te levantas, describes el primer cuadro imaginario de alegrías bifurcándose con colores estimulantes; te revelas contra toda espina que punza lo sangrante de las puertas cerradas; rompes las cadenas que se dibujan en cualquier acápite espectral de tu vida; y, de pronto… Todo es azul, reverberante y vivo. Ha huido el recelo y el miedo. Las flores y sus espinas que se hundían en las malezas instantáneamente han aflorado y visten frondosas.

Creo en esto. En ese milagro que nace de la mente del humano, sin que nadie lo geste, a no ser, ese universo de pensamientos que se diseminan en nuestro cerebro escribiendo las voluntades. Creo en ese milagro que instiga a salir del fango, para construir con dulzura lo que nos ha gustado siempre… Cosechar victorias.

En las diferentes vicisitudes de la vida, descritas en el fenómeno de la existencia, siempre habrá días como éste. Claro está, que, si quieres tener el mejor día de tu vida, empezarás desde el momento que tu mente lo desee. Yo me quedo con lo narrado, pues esos momentos me han dado poesías tristes, versos dulces, y más que todo, ha florecido lo íntimo de mí… Esas son mis victorias.

Un hombre debe vivir entre la poesía de un amor y el cuento triste, entre el romance y el final. Debe ser así.

Para la mujer que me ha llevado a una galaxia desconocida, donde los besos y las caricias, son estrellas que se aferran a mi cuerpo. Y las miradas, el reflejo enamorado de una luna en el espacio sideral.

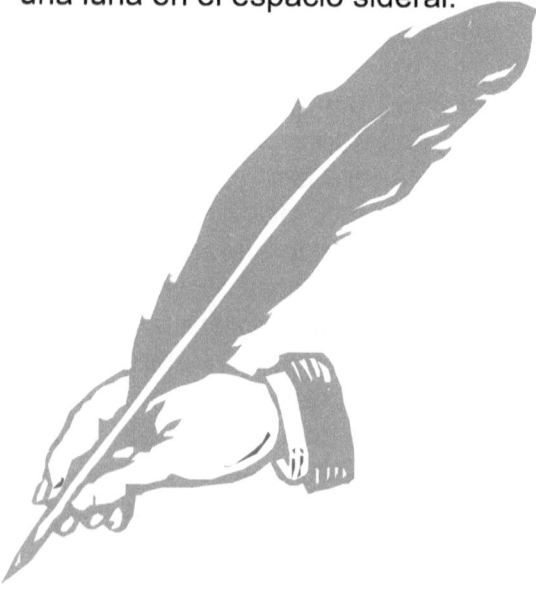

PRIMERA PARTE
(POESÍA)

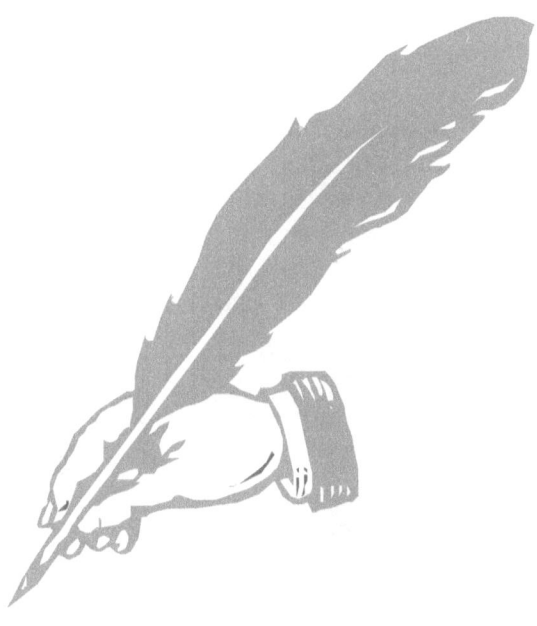

Amar y querer

Querer la multiplicidad,
amar lo exclusivo...
Querer es discutirlo todo,
amar aceptarlo, aunque duela.

Amar es soñar con ella
y despertar besando su boca.
Querer es marcharse sin que despierte;
amar es quedarse ansiosamente
a vivir el despertar.

El querer se limita,
amar es ilimitado.
Amar es la verdad,
querer una mentira.

Amar, urna que encierra al corazón con dulzura,
querer, corazón que desespera en el encierro.
Amar no tiene palabras.
Querer tiene discursos.

Querer nace en la vanidad,
amar en el alma,
querer en un tropiezo,
amar en una caída entera.

Amar existe una vez,
querer en cada instante.
Amar es eterno,

querer cuando quieras.

Amar… Es decir que voy al cielo a traer una estrella
y que lo creas por amarme tanto.
Amar es darte esa estrella sin ir al cielo,
y que tú la cojas, porque estás ciega.
En el querer las estrellas no caen.

Amar es la vida de todas las fantasías,
querer es solamente fantasía,
amar se bautiza ante Dios,
querer ante cualquiera.

Amar ha sido mi vida.
Querer… la otra vida.

Amar ha sido en cada regazo escribir mis versos
y a cada regazo probarlo con mis labios,
en cada vientre completar mi poesía
y a cada vientre domarlo con mis besos.
Amar ha sido pensarte eternamente mía,
y en cada pensamiento darte mi vida.

El récord de los besos

Labios dulces en los míos,
rojos, de colores.
Tiernos ademanes en sus adultas bocas,
suspiros en la boca mía.

Tener un beso
el mejor consuelo,
tener sus labios teniendo su alma.

Al despedirme
besos imposibles,
su alma me desecha.
Mi anhelo un beso que no se dio.
Quise cosechar y tengo final.
No hubo cosecha…
te he dado mi amor
y lo has negado.
Todos los ruegos brotando del pecho
han muerto cerca del tuyo.
Ella calló mi boca.
Recibí con la fuerza de mis ruegos
un beso al despedirse.

Campanas en la escuela.
Un beso suyo
como uno del cielo,
que deja en mi boca toda su sed.

En el portal de obscuro cincelaje.

Cita con la niña de segundo año.
Ojos negros de colegiala,
medias a las rodillas,
buscando mi contorno en la callejuela.

Matizaba la tarde con café.
Mis años sin descuido.
Su boca oliendo a manantial
bautizó la fuente,
con un beso para boca niña.

El camino, escuela de medicina
tejiéndose con libros olor a formol;
la escalinata estudiaba anatomía,
mi mano con ella y ella con mi cuerpo;
leyó mis labios con la boca abierta.
No recuerdo que párrafos salieron,
ni cuantas veces estudio mi anatomía.

Labios ajados
cajera en la calzada.
Lo ondulante de la neblina,
abordó mi gentileza.
Las sonrisas fueron de ambos.
Las voces eran de un beso.

La noche florecía con lámparas azules,
la esquina encontraba claridad.
Una rosa deshojé,
una dalia terminé…

Recibió el botón de aquella flor,
y un beso lo pagó.
Los piropos de poeta
también se los llevó.

A los trece,
fueron mis mejores besos,
nadie los borrará.

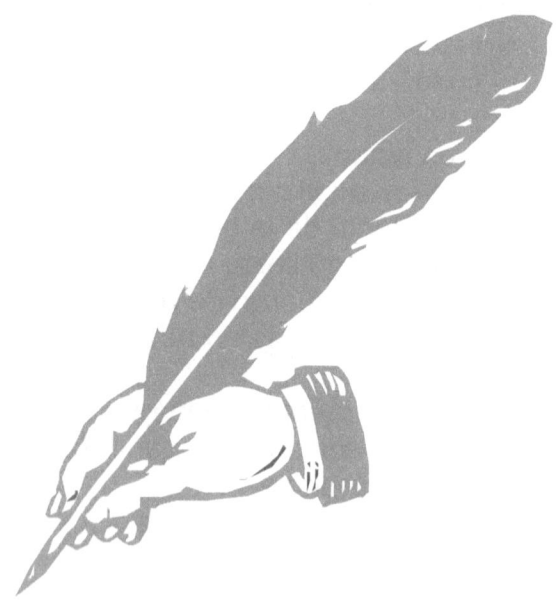

Adulterio

Ella besa ojos cerrados,
Tú, los ojos abiertos.
Excita con los besos,
tú con solo mirarme.
Tiene ojos verdes cuando ríe,
cafés miel cuando me amas.
Ella dice tenerme cuando me ama.
Tú me tienes cuando quieres.
Ella un beso y tiene bastante,
tú todos y te quejas.
Ella sueña todo tiempo conmigo,
y todo el tiempo me ansía.
Tu duermes todo tiempo conmigo
y solo me deseas.

Ella está un momento,
tú toda mi vida.
Ella es importante,
tú imprescindible.
Eres de mi casa, ella de la suya.
Si ella se va, me enluto.
Si tú te vas moriría,
ella me hace sonreír,
tú, navegar en la risa.
Ella ríe con mis caricias,
me busca, pero yo voy a ti.

Partirá

Ya tiene que partir.
El brillo de los ojos dice que se va.
El rumbo de las miradas
revela el camino…

El afán redoblado de sus pasos
dice que se aleja.

Queda una sombra
jugando con pupilas,
cambiando los instantes.
Corren lágrimas desnudas.
El síntoma reza.
Enfermedad púrpura.
Heridas ausentes
matando el pecho.

Dolor fértil en el centro,
absoluto…
vagando en el alma.

Palabra que revolotea,
cerebro, ojos y oídos
pensando, viviendo…
Recogiendo murmullos.
Circulo vicioso que se atrofia
cuando cae el final, …
El final es que te has ido.

Poesía

Volaste golondrina una tarde
hasta el rincón de una noche obscura.
Dejaste al camino mío
como locura con noche fría.

Pensamiento volando bajo,
en el magma, sentimiento muerto.
Agonía de luna llena,
ironías de madrugada tierna.

Turba en la imagen viva,
aferrada al pecho.
Lágrima en garúa
matando al horizonte.
Poema aullando en los huesos,
huesos trillando en la muerte.

Tropezar no significa caer
y caer tampoco es el final.

Capricho.

De mujer
aturdiendo al silencio,
silencio de hojas marchitas,
de juglares desesperados,
de amantes trasnochados
luego del destierro.
Luego de tu abandono mujer,
por tu capricho.

En la duda salen tus ojos,
en el llanto tu cintura.
Te fuiste con las manos llenas,
tengo el corazón vacío
sobre huellas invisibles,
sobre el mismo vacío
que dejan tus manos llenas.

No sé dónde está el cielo,
bajo tus miradas de ángel
o en el centro de tu sonrisa,
por eso tu abandono,
es parte de mi infierno.

Presiento tu partida,
revoloteo en universo distinto
persiguiendo otro horizonte,
confundiéndome,
en la humildad crepuscular
de un sin fin de despedidas.

Pensando

No hay nada…
Quisiera volver a escribir
los versos dulces,
los sueños platonizados,
tener la ilusión absoluta de mi juventud…
Fugada, porque ya no existe.
Rayos imponiéndose a mis letras,
nubes ocultándose a mis ojos.

Como quisiera,
rayos ensortijados
descansando en los hombros canelas,
ojos verdes brillando en tu piel trigueña.
Volver a las andanzas.
Pasar una tarde en los matorrales,
con los labios que jamás se fueron.
Sin decir adiós a estos años,
sin decir adiós a los versos dulces.

Vivo para tus ojos

Dos puertas
abiertas para mi corazón,
corolas diferentes
enfocando mis labios,
por mis besos, por mi alma.

Moriré si tus ojos me olvidan,
si te vas,
mi sentencia de muerte ha llegado.
Quiero tenerte a manos llenas,
deshojar cada sentimiento desnudo.
Quiero decirte que mi pecado
ha concebido en tu inocencia,
porque la fantasía vive
y los sueños justifican mi silencio.
El sentimiento, pululó en tu vientre.

Amaré el agua, el aire…
Todo lo que da vida,
todo… a ti mismo,
cada rayo de tus pupilas.
Tus manos con mi cuerpo
mis labios con los tuyos,
tu vientre y mis semillas.

Te extraño

Tu imagen abandonada
deambulando con mi alma,
húmeda y agonizante
como pasto en el camino.

Invencible el camino a tu silencio
a tus besos, a tus miradas satisfechas.
Tus istmos envenenan mi regreso.
Los inviernos adúlteros han cantado,
todo vuelve renovando vestiduras.

El pardo de las hojas respira verde,
nacen esperanzas sobre mi piel.
Tu cuerpo encendido se trastoca,
con ropas mordidas en tu abundancia,
con la frialdad del invierno.

Estás sola entre la brisa,
las gotas caen cristalizando mis pupilas
y yo, ¡cómo te extraño!

Sutileza que cruza el iris,
absortando la silueta viajera.
Atelaje del designio de amar
arrastrando el latir austero,
cual roquedal tiritando,
tras temblores de sueño.

Tu pupila en flores dormidas.
Así, miseria neurálgica,
desdén de mis sueños,
palpitas silenciosa
volviendo a vivir,
como recuerdo de un cielo,
como otro capricho del alma,
como sentenciado a morir
recibiendo un beso tuyo.
¡Cómo te extraño!,
¡cómo te siento distante!
Distante como el recuerdo,
como el aire al fondo del mar.
¡Cómo te extraño!

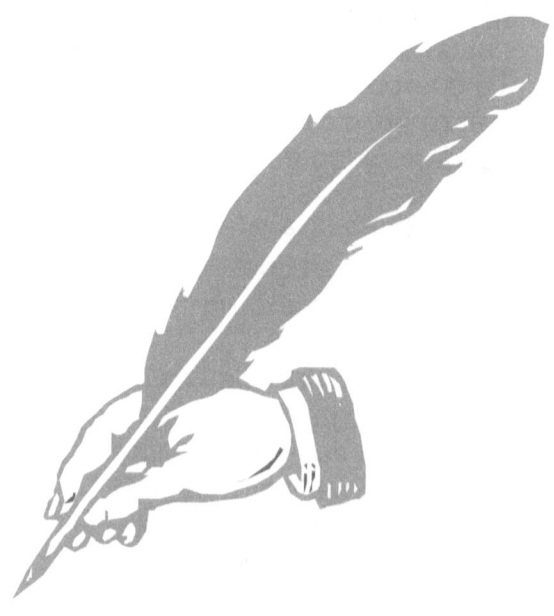

Distante.

He llegado donde se intenta soñar,
donde tus ojos roban la vida,
para que mi alma aprenda a sufrir,
viviendo como párpado en llanto
cuando la vida es absurda,
cuando existo,
absurdo como la obscuridad misma.
Así estoy...
Distante,
consecuentemente sobre fangos,
atascado en el silencio,
cual espectro.
Tan fantasmal, como la soledad y mi risa.

Cuerpo de Miel

Matiz de noches estrelladas,
retazo de luz.
Amor de verónicas pintadas.

Sueño de ojos abiertos
frente a tus miradas de nieve,
de tus labios coralinos
con tu corazón de luna.

Abrazando tu espalda,
descansando en tu cabello suelto,
en tu regazo de cielo
con tu inocencia de alma.

Los ojos del poeta
un enjambre de sonrisas esparcidas
en la gloria azul,
en la metáfora verdadera,
con el sabor de tus besos.

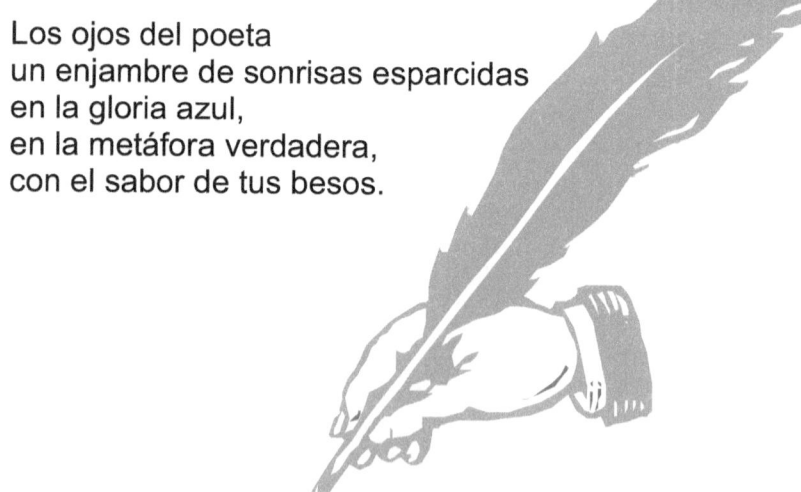

Muerte en América

Torres, palmeras de humo,
humo de cuerpos humanos,
rocío de ceniza
enlutando hierros torcidos.
Negros, blancos.
amarillos y rojos agonizando,
apocalipsis en la esquina.

Luto con lágrimas de acero
en escombros ensangrentados.
Cabezas pronunciando finales
con silencios interminables
y ojos tristes.
La ira gestando la guerra
y la guerra gestando a la muerte.

Pólvora proyectando agonía.
Cabezas sin ojos.
Ojos sin cabezas.
Corazones de cinco años
entre otros hierros torcidos.

Estruendos caídos del cielo
y esperanzas huyendo en la tierra.
Lamentos escapando,
guerreros casando delirios,
inocentes sucumbiendo.

Alientos desaparecidos

por glotones de humanos.
Justicia nebulosa
y el mundo aliándose.

Estrellas lagrimando.
Los culpables convencidos,
el evangelio en el polvo,
el cristiano de negro.
Pesar…
pobreza deambulando,
muerte merodeando…
Ella es al final.

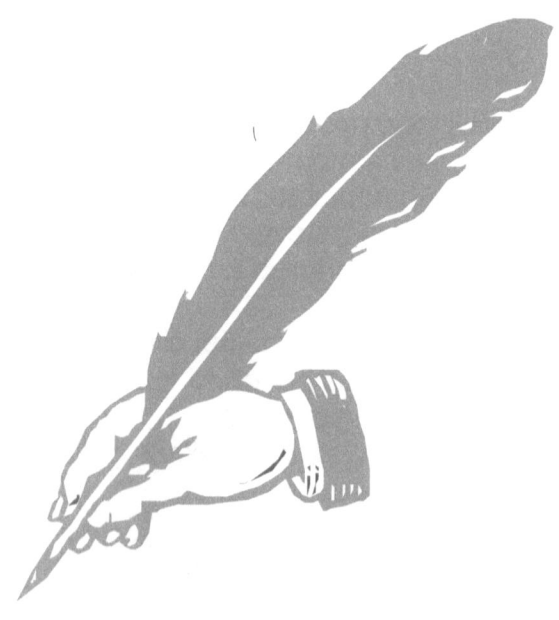

Hijo

Todo…
Sangre trasplantada,
manos acariciando.
Dolor vivo en las arrugas de tu madre.
Ayer sembraste tus huellas.

Tengo un pedazo de mi alma
acabado por tu llanto.
Al ponerte mi nombre
has llevado mis zapatos.

Mi noche se alumbra de canas,
el tiempo te endurece,
fui Superman de tus vuelos
hoy no sé dónde vas.
No puedo coger tus alas,
el cielo me tiene mendigando.

Te di mi vida,
ahora mendigo un aliento.
Ya no cayó la correa de tu abuelo.
Tus rodillas no clavaron el piso.
Hijo… donde estás.

Poetas, Quijotes muertos

Palabras desparramadas,
voces cuerdas vertidas entre los nabos.
Demasiado tristes entre las coles.

Clamor brutalmente absurdo
nacido para el corazón,
pisoteado por salir del alma,
muerto por nacer de un loco.

Poetas caminantes, ruegos… lamentos.
Quilates de sinceridad en paisajes bárbaros.

Cerebros secos, vulgo convencido.
Risa loca, castillos de agua.
Princesas, delicia domada.
Gloria eterna y final de ojos abiertos.

Poetas llorosos…
Aventureros estacionados,
soñadores sin noche,
Quijotes sin Dulcineas.
El tiempo nos mata.
El río nos carga.
Somos los Quijotes vivos
rodeados de yertos vivos.

Por la muerte

Ventiscas de gallinazos,
palabras consumidas,
sangre azul derramada.
Cara abajo y alma al aire.
Lágrimas esparciéndose.

Entrañas multiplicándose…
en hedor de pelo y fuego,
sangre y callejas.
Tragedia de caracoles,
huesos pidiendo auxilio.
Lamentos imposibles.

Ojos en agua muerta,
sepelio con tarde vaga.
Camino con huellas negras,
escalón azul al final,
noche de eternidad.
Y no hubo tiempo de ser eterno.

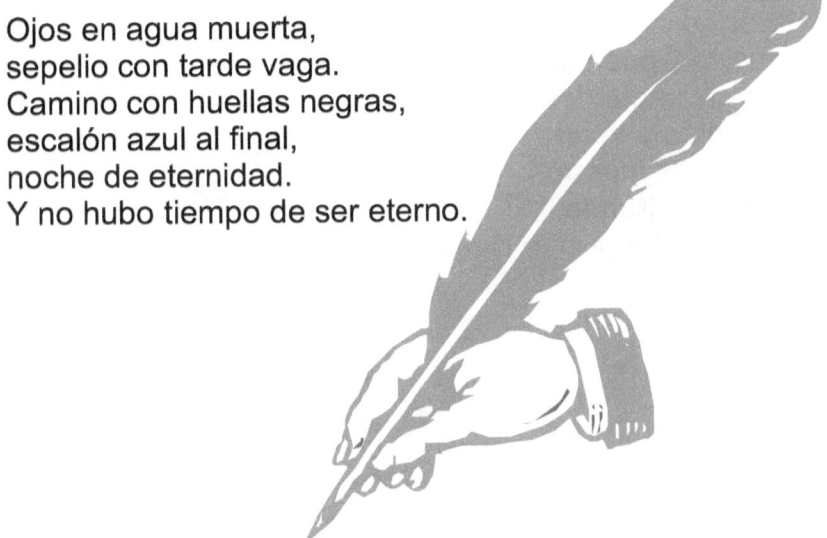

Poesía

Pasos martillando
tropiezos de burro,
sapos traviesos
y metales al canto.
Zapatos rosas en escombros tristes

Espinas al cielo
caracoles al carajo.
Tierra dulce
caracoles de dulzura,
tras carroña
la hiel de las patas.

Ayer de siglos
música y poemas.
Hoy de segundos
melodías y trueno.
Humanos muertos,
latas respirando.
Todo es: tarde que sigue.

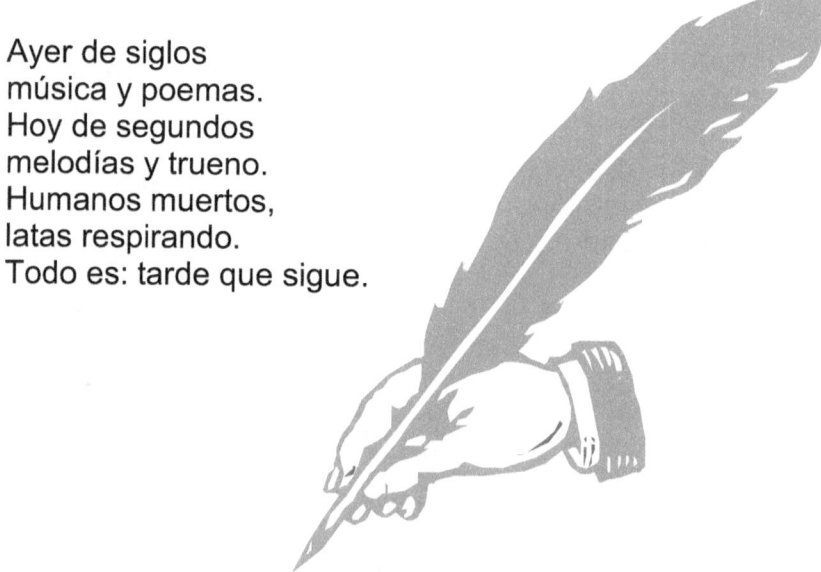

La herencia de Juan

Úteros pariendo
murallas con alma,
cuerpo de sombras
por nacer sin ser.
Lagos de sangre
mil venas vacías,
naturaleza muriendo
sobrenaturales creciendo.
Hombres convertidos,
mujeres contagiadas.
Dios mío…
Flores al duelo,
sueños al aire.
Hombres sin sexo,
mujeres a hombres.
Los hijos olvidados.
Los úteros sin semillas,
el cielo sin sombra
la llama creciendo
la asfixia llamando
el final huyendo.
Viracocha con botas,
el palacio en orgía.
La clandestinidad más oculta…
José con maletas
María ahorcada con trenzas,
Juan llorando sin zapatos.
Las estirpes exportando viejos.
Mi tumba, construyendo poemas.

Poema

Mascotas y veneno
consolando una mosca.
Promesa de muerte
con las alas cortadas.

Cuerpo y pesar,
ceniza maldita.
Infierno sin sed,
tiempo fuera.

Viaje cortado,
cruz de carne
en sangre fría.
Cruz de madera
penúltimo suspiro.

Sábanas blancas…
Ojos perdidos,
labios sin besos,
manos negras.
Cuerpo presente.
Término de tarde.

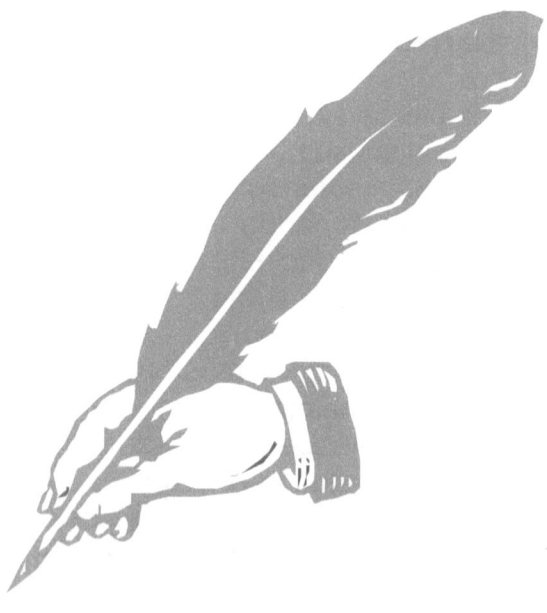

Mi pecado

Idea muerta
mortificando las entrañas.
Bravura estúpida
mordiendo por doquier.
Luz que se apaga,
silencio doliendo.

Cerebro perdido.
Semen contaminado.
Tentaculizado el clamor
en el clamor del vino.
Dulzura venenosa en el destierro.
Alma de liebre danzando
con garras tigrescas,
calzones blancos,
gritos extasiados.
El furor de mi pecado.

Voces hurgando
imágenes en el costado,
la casa enredada.
Mi pecado en secreto
y mi secreto torturándome.

Sólo yo

Cantando versos,
versos de noches absurdas.
Tiempo perdido,
dormido en el susurro
de suspiros que escapan
y luciérnagas muertas.

Una noche fue mía,
cuando partió
mato mi vida.
No hay silencio para mi alma
ni alma para mi cuerpo.
La inmensa despedida
ahoga vorazmente mi luz.
Mientras duermes intocable...
Sigo muriendo,
la bohemia me lleva
con la luz apagada.

Lo que dejó el amor.

Pétalo y murmullo,
murmullo rebozando
en retazos de polvo.
Pétalo despertando
en rocío abandonado.
Ojos y alba,
noche para mis párpados.

Besos incansables,
incansables ademanes,
marfil y hiel con manos llenas.

Sombras…
Luego manos vacías,
lágrimas blancas.
Tiempo para el infierno.
El parto dio despedida
con lágrimas muertas.

Huye...

Huye vida mía,
sepárate de mis narices.
Vaga estrepitosa, aturdida,
entre el caos de tus respuestas,
en los vientos amargos de la distancia
y la media noche del traga monedas.
En la fumarola gris de tu cabeza
que deja la coca infierna.

Anda... camina,
sobre montes y llanuras,
ábrete en la pelvis flaca de la muerte.
Espárcete en las miradas,
deja que zumbe fiero,
el escándalo de las penas
refugiando el clamor en tus arrugas.
Enfría el rescoldo de mis cenizas.
Así queda mi herida,
sangre sin aura
tirada por el desconsuelo.
Te ausentas
sumida en el destierro
de mis células muertas,
pegada en las polvaredas,
camino al infierno,
como la flor intocable
al nido de gallinazos,
bajo la burla y el olvido,
de mis palabras malditas.

Ven conmigo

Canta una gloria…
recorre con besos mi almohada,
empuja mi burla
la idea nocturna.
Evapora el relajo del cerebro seco,
cristaliza la sangre,
bórdala en mi lengua,
en los recuerdos infinitos
de tu cerviz intranquila.
Parpadea inconclusa
río de párpados en aguilera,
naufraga y escupe,
tira sangre sentimental de tus entrañas.
Absórbeme el miedo,
embálalo hasta el foso eterno
de tu purgatorio sangrante.
Has un manojo de palabras
y desaparécelas en el infinito.
Pero tu… ven conmigo.
Si no puedes… Eleva tus ojos.
Exclama bendiciones,
agárrate del cielo
que la caída quema tus patas,
que el infierno no alcanza
para lo que llevan tus zapatos,
y me atrevo a pedirte…
desafiando a la vida.
Este desafió que lleva mi muerte.
Ven conmigo…

Caminos después de ti

¿Habrá otro camino?
¿Otra historia vagabunda
recordando otro silencio?
Diré al aire quejas,
llantos incontrolables
sobre tu contorno nocturno.
No sé…
Hay una mirada intacta,
un relámpago sofocando la retina,
el punzante reflejo a estiércol,
la sombra del vómito.
¡Qué martirio… ¡
Y esto purgando gases…
¡Mujer, en qué has quedado!

Noche de estrellas negras,
perfil de carbones.
Ideas amargas, sólidas,
con lo brumoso del crepúsculo,
con silencios y torturas.

Así.
Un ataúd cóncavo
con el cuerpo del silencio
fermentando su despedida,
a la media noche del tercer día.
Así, silenciosamente
desastre de mujer.

Sigue…

Hoy te vi pasar,
nevados ojos tristes,
pelo desparramado,
boca vacía.
Miraste entre pestañas
mi boca sabiendo a desierto.
Tus manos vacías
se daban cuenta que no te cargaba.
Tu vientre experimentado
inocente otra vez.
Tus entrañas me desconocían
como cementerio en día de muertos,
vestida de luto,
palabras intactas de réquiem.
Te juro que tu boca pedía,
los besos de otros días.
Mi boca los quería.

Pero te vi pasar,
no era mía la mano que te cargaba

Tortura

Abre tus manos,
cae trueno de rodillas,
ahógame sombra,
deja morir tu capricho.
Envíame sal hasta la llaga de mis martirios
déjame amando al infinito.
Saca tus espinas
que las púas engarcen en mi pecho.
Mi hiel vive ardiendo.
Los proyectos lacrimosos
unen las punzadas.
Esclavo y verdugo
mi vida bajo tu alma
deslizándose a la muerte.

Mil despedidas,
tajos de músculos muertos,
trastornos de huesos rotos.
Al corazón lo sacaste vivo,
por eso, abre tus manos.
Deja escapar...
esa misericordia sobrante
que mis manos ya no escriben.

Como pasa el tiempo

Caminando por tus años,
por tus ojeras de trasnoche
están mis besos,
las arrugas de tu ceño
martirizando al cielo
con los ruegos olvidados.
Poniendo juventud al tiempo
haciendo cirugía al siglo.

Sombra de sustantivo,
frescura de sueño,
beso mío…
ternura para sueños fríos.
Estoy en tus años,
en tus buenos momentos.
Estoy con mis pelos blancos
dando besos al viento.
Teniendo una flor
con sus colores perdidos.

He llegado con tus años
revoloteo y caída,
tomando horizontes
con estrellas sublimes.
Ahí encontré tus ojos
en el tiempo que se iba.

Libérame

Ordenas besos al alma
con palabras alumbradas.
Excusas corpóreas
dando besos sin sentirlos,
infierno antes y después.
¡Manos blancas,
perversas,
escondiendo los recuerdos!
Deambulando por mi espalda,
martirizando las raíces de mi cerebro.
Huyan…
huyan a otra vida.
Hasta el viernes negro
que lo deje al olvido.
Ponle un número más
a mis blancos murmullos,
bautiza mis manos vacías,
libera mis alas,
deja cruzar lluvia por mis ojos,
tira por la borda mi sueño.
Deja que el fango me bese
con la garganta poblada de espinas,
dadme permiso para escapar
porque contigo la luna me olvida.
Tus caricias con galas extraterrenas,
nunca nacieron para esta tierra,
para este sepulcro caminante…
Nunca existieron.

Estoy aquí

Estoy aquí
entre un sin fin de peros,
enredado cada vez
en el punto infinito de la burla.
La cruz escondida,
el silencio corroído,
la flor desmayada en el alba;
el alba aburriendo al suspiro.

Este es mi canto,
mi abulia dormida en el pecado,
la bestia agitando mi pecho,
carisma escapando del cerebro
y alojándose en mi verso.

Otra vez mi canto
la nota vulgar diseminándose.
El precio de las palabras deambulando,
los vistos buenos más caros,
la inflación inflando monederos.
Bestial, coitos por coimas,
los ciegos aparecen mirando,
los delincuentes se hacen santos,
los locos más cuerdos,
y los más locos mal vistos.

Van poetas atracando en esquinas,
Ahora…

poetas murmurando delirios;
van pensamientos con auras dormidas
y los poetas visten vacíos.
Parecen distantes…
con cielo libre y pecho esclavo,
alcanzan verso y alcanzan muerte.
Existe sol y no pueden mirarlo,
existe cielo y no pueden caminarlo,
existe mi alma y no tiene a donde ir.

Tengo voz en el pecho
ahogando mi garganta,
una consonancia inconclusa.
Los acordes no son humanos,
es un paisaje vacío
de este mundo lleno de todo.
Cuatro palabras adoloridas.
Un rango derramándose,
ascendiendo sobre las cabezas.
Un sol atormentado
con un alma desgraciada,
un silencio inundando la tierra
y otros poetas, soñando en mariposas.

Al final

Muerte y murmullos,
la existencia sucumbiendo.

La sabia huyendo a la tumba,
la sangre inyectando bravura,
la bravura guiando la muerte
y la muerte rodeando la esquina.

Los zigzags del alma
cursando las tinieblas,
las punzadas estacionadas,
las células trasnochadas…
El cuerpo transmutado del hombre
sobresaltando del sueño infinito.

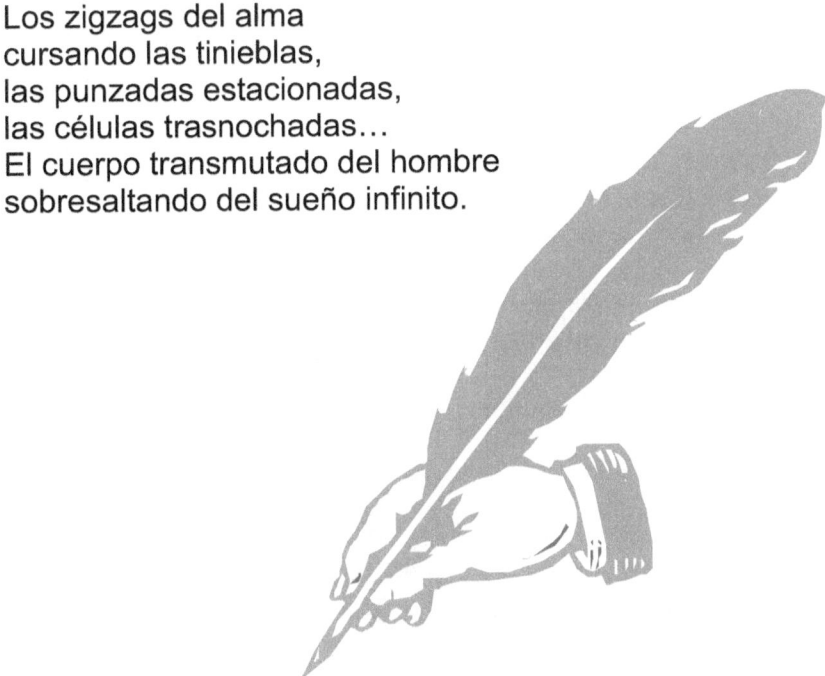

Mirando el luto

Zapatos caminando,
brazos sin pulso,
hadas sin cabeza.
Ni luz, ni sombra,
medio día extinguiéndose,
duelo sangrante,
lágrimas de madre,
féretro en tierra.
Santa cruz.
Historia de lágrimas
con otras cabezas cortadas.

Hijos persiguiendo llanto,
lágrimas puestas al horizonte.
Padre nuestro
sin encontrar consuelo.
No hay vida,
mis benditas esperanzas
también sucumben.

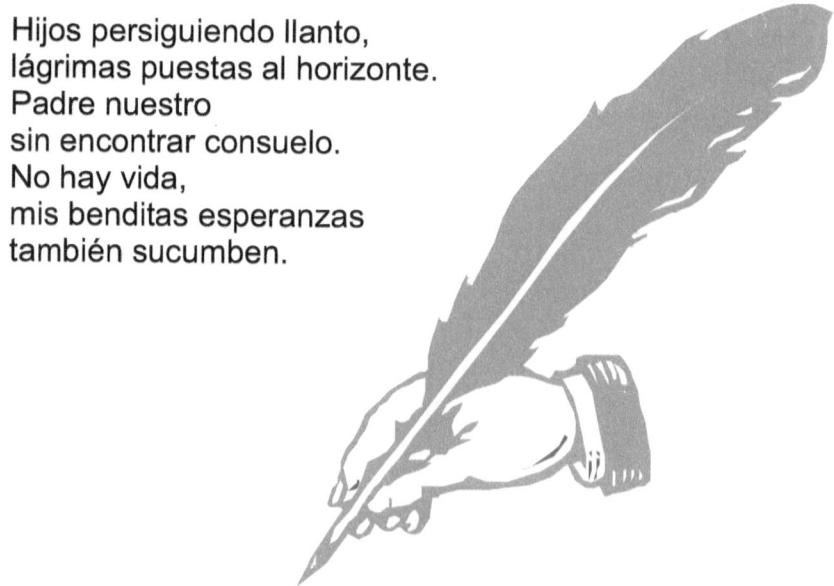

Los hijos de los Policías Muertos

Cruzo las auroras
y se esfuman los suspiros
en cada vuelo dormido…,
en cada silencio.

La luz del horizonte aparece
cuando sucumbe el día,
quiero vivir y es tarde,
la noche persigue miradas de hijos
con la existencia en una sombra,
queriéndolos, sin florecer.

Me ahogan las palabras
por cantar a los cuatro vientos
la amargura desgastando mi garganta.
He querido
explotar junto a mis entrañas,
pero ni las lágrimas no salen,
las programaron para no brotar.
He querido
recibir aquí en este pedazo de tierra
la completa orfandad.
Pero ante el flujo de mi sangre
Soy policía.

Digo con mi pluma
lo que la garganta hace callar.

Por eso me murmuran,
veo lamentaciones y callo,
veo tristezas y las ignoro
entre el suspiro y el silencio.
Sabiendo que el llanto sobrepasa al alma,
saboreando la pólvora en carne viva
con el luto de las flores,
con la mueca que deja el llanto
en las caras tristes,
en las miradas huérfanas,
de los hijos de los policías muertos.

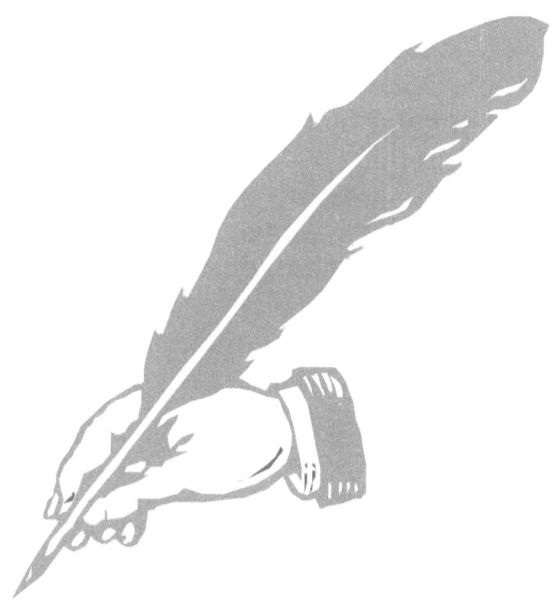

Mis espuelas.

Rompí mis espuelas;
monte mi caballo,
las chamuscadas pestañas
quisieron llorar,
tres galopes corcovos
festejó sin los yerros,
festejó sin sus yeguas;
caballo brioso y fiestero,
relincho de fiera soltó.
Crines negras, pelo colorado
silbando por la loma.
Caballo potranco y coqueto
a yeguas potrancas y viejas
ilusionas sus ojos carbones.
Riendas, pechera y retranca,
caballo brioso de pecho
libre al potrero solté.
Potrancas nuevas miraban
el brillo de crines caobas,
noble mitad de centauro
orgulloso pastando perdió.
Caballo sin riendas tomé,
mi caballo, fiero roncó,
caballo rojo, caballo brioso,
corcovo tieso con cuerpo espiral,
caí sin espuelas, sin rienda, sin caballo
te fuiste bendita mitad de centauro,
pajarero, que Dios te guíe.
Yo, jamás romperé mis espuelas.

Nada para otro molino.

Adiós y silencio,
susurro desapareciendo
en la mueca constante,
en la bruma inexacta
sobre la luz moribunda.

Sangre del alba
naciendo y muriendo.
Flor del camino
muriendo en la sombra.

Espuma hambrienta
navegando en la esquina,
locos espantados
y cuerdos murmurando.

Opulencia en las manos
vistiendo los perfiles,
manos ahogando
gargantas de infantes.
Rizas infantiles sucumbiendo…
y todos permitiendo.

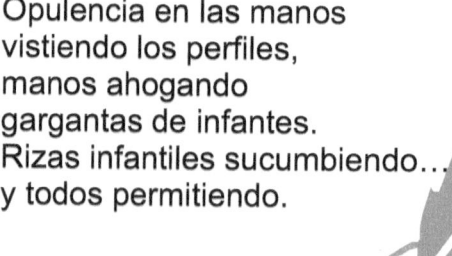

Calvario

Azul moribundo,
tropiezo de palabras absurdas,
colores trasnochados en el ceño.
Madre… Sangre insurrecta mordiendo,
navegando en mis huesos,
extremidades abiertas,
frondosas, falanges imperfectas.

Lombrigueras salpicadas de sangre,
bestias sonámbulas obligando,
consumiendo bravura y voluntad.

Alma revestida de congoja,
pobreza olfateando lágrimas
apegada al cielo imaginario.
Ecos espesos en el viento
instigando lo inerte de las esperanzas.
Abismo instigando al vértigo,
muerte con llagas infectas,
entrañas desechas con martillo dando,
tumba muda, garganta seca.
El último aletear, estampido celular
enraizado en los huesos.
Revolucionando al infierno del destino
y la mueca desaurada del cuerpo presente.

Carta a Jesús

Me atrevo a decir la verdad:
José fue selecto para cortejar a la Virgen
ahora anda sin zapatos;
María fue la madre de Jesús,
ahora sobre su espalda encorvada
el llanto de sus hijos la envenena.

Te hicieron bendecir cena de pan y vino.
Ahora Pablo es un borracho.
Y Juan no tiene pan.

Jesús, que hay dentro tu pecho.
Quita el precio para tener tu misericordia;
la miseria es indigente.
El hambriento está muriendo,
el sediento se seca, el pobre se empobrece,
los injustos son afortunados,
los infortunados son débiles,
a los débiles les quitan
y los diezmos no alcanzan.
Jesús, si así lo hacéis.
Amparadme de mis palabras.
y ruega por nosotros.

Tengo doce años

Hora de estrellas.
Mágica noche de esperanzas.
Noche mía, de plásticos,
de máquinas encendidas
carburando en mis oídos.
Lauros en los ribetes,
flores esculpidas en los ángulos,
esquinas rebatidas con voces arañadas.
Ojos pedregosos y encenagados.
Manto de murmullos
absorbiendo bondad y lágrimas.

Los cuatro vientos soplando,
miradas al vacío.
Las muchachas coqueteando,
el vacío hacia mi pecho.
La vida esparciendo luto.
Agonía en la casa.

Pilar adormecido con silencio,
atónito sabor de queja
abriéndose en la corriente.
Dios, dando fin al alma,
lo tengo y no llevo sotana.
Votos de mejor vida a mi madre
y no escucho sus latidos.
En vano clamo tu presencia.
Porque no te tengo.

Mi queja extraviándose entre ecos,
buscando, concurriendo al llanto…
Cuánto río lacrimal tormentoso va
sobre la cara de mi hermano.
Entre la iglesia y mi costado.
Sobre la luz entrecortada,
de los ojos de mi madre.
Las caricias que se fueron,
los recuerdos intocables.
Dios…. los años sin mi madre.
O quién… sin mi Madre.
Tengo doce años.

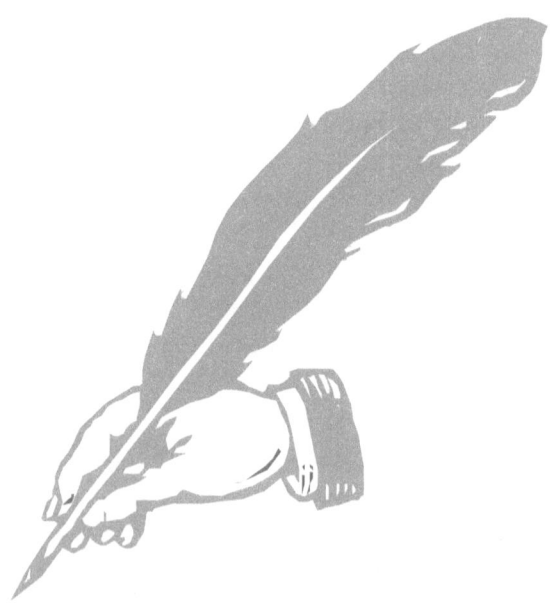

General de la vida

Déjame decirte
glorias y cantos:
Cantos con la lira,
glorias con mi canto.

Déjame regalarte
estrellas dibujadas.
Ojos y pupilas:
Las dormidas en tus hombros
y las que buscan tus ojos.

Déjame estrechar
la mano sincera:
Una vida que encontramos,
una trinchera que domamos.
Déjame decirte.
General de la vida:
tierra fértil y azul;
una escuela que fundas,
una simiente y un fin.
Un espacio que nos dejas.

Déjame contarte
que hay como tu:
El fuego y el relámpago
que disfrutan del camino
porque están donde lo llevan.

Déjame decirte:
luz y sendero.
Una, la victoria despierta,
otra, la rosa y el trueno.
Déjame decirte General y poesía:
"Mi General" porque ríes,
mi poema porque lloras.

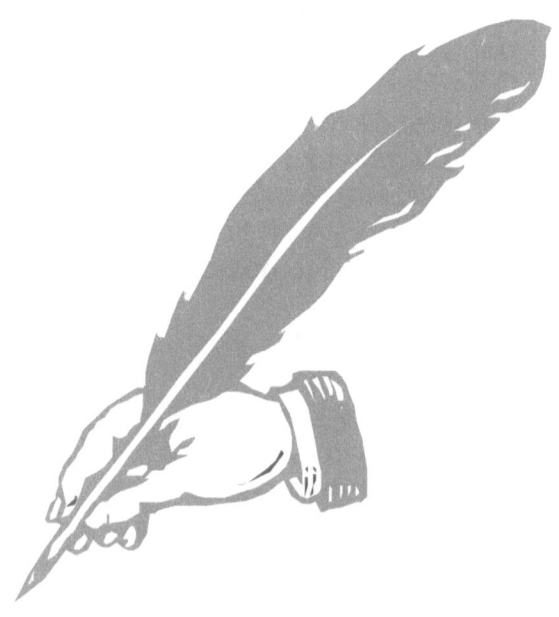

A un final

Lágrima floreciendo
cúspide solitaria.
Amigos de infortunio
aflorando aturdidos.
Puñaladas sin costado,
muecas retrasadas,
gestos de rosas
delatando hipocresía
y amigos de infortunio.

Casos y tristezas.
Manos blancas despidiendo,
beso imperecedero,
El siglo rugiendo
con lenguas estacadas
y solamente respiro…

Santo de mercado negro
estoy contaminado:
De protesta a melancolía,
sin llanto, sin difunto;
De guerra de niños
a tiempo de guerra.
Al final, soñador
sin poema, sin fronteras y la muerte.

En un insomnio

Luces parpadeando
furor y noche,
cristales tiritando.
Ojos verdes.
Lluvia y sereno,
quejido de perro,
tormenta y bravura.
Vueltas en la cama.
Maderas girando,
almas retorcidas
buscando en el viento.
Aura muerta,
mañana naciendo.
Noche tuya
maldita voz de gato.
La noche me lleva,
las auroras se esfuman.

Pesar

Está vagando.
Enhiestando el pelo suelto en la esquina,
con flores magulladas en su vestido corto.
Está abrazada.
Enredando tristeza en la cortina transparente
y la lengua de los justos.

Está llorando.
Vistiendo desnudeces,
piernas y pechos desvelando
la niebla tormentosa
y los cabellos mojados.

Espina acomplejando,
resucitando enojos,
soñando inmolar al alma
como el infante al luto,
madre muerta y los hijos.

Estás perdiéndote,
como horizonte a los ojos,
como crepúsculo a la noche.

Te has ido
dejando mi mente
entre sangres derramadas
y ojos haciéndote sonrisas.

Entre lágrimas sin rumbo
y el sueño de tus besos.

Estás aquí...
En el centro de mi vida,
haciendo flaquear mi alma,
desgarrando mis viseras,
mis palabras dulces
y la última mirada,
de hijos sucumbiendo
sin la madre.

Locos son los que sobrepasan los niveles de sinceridad que tienen los normales

Locura

Encontraré dos cosas a la vez:
Una vida de loco y la que llevamos,
tendré como cualquier cosa
refugio de cielos en mis ojos.
Me llamarán a la cuenta final
y como cualquier cosa
pagaré por mi locura.
Mi juez, no me absolverá.

Otros llorarán o cantarán absortos.
Todos desesperados,
mirarán a Dios a ras de tierra.
Algún loco levantará la cabeza
en el único refugio de la locura.

El diablo reirá de los caídos,
estacará su riza en los ojos
y en los nacimientos de las lágrimas.
La locura que me dieron
estará fuera de la tontería
conservando el viento que nos venden,
apasionada del sol que nos quitaron.
Con la mirada sin fin de la ternura,
con el cuento y la pasión que nos regalan.

Cuando vuelva a mirar el paraíso de los justos.
No habrá justos…
Estará el sol disparando
luz por doquier,

tal vez un loco
calentando su inocencia.
Tal vez sea así.

El que tropieza aprende a caminar, el que cae está aprendiendo a levantarse, y el que se levanta es invencible.

Te vas (canción)

Te vas esta noche de aquí,
triste mi pena será.
Quisiera ver que vayas conmigo
o empezar a partir también.

Si el recuerdo me fuera robado
y mis ojos lloraran por ti.
Yo mil veces viviré enamorado
de lo que hacen tus ojos por mí.

Esta noche vas a partir,
mañana tal vez ya no estés.
En tus sueños de niña traviesa
mi recuerdo tal vez ya no esté

En tu mente estará mi nombre
como espina de rosa mi ser.
En tu mente tal vez otro hombre
sea el sueño que no puede ser.

Boca dulce que supo besarme
besará otros labios quizás.
Porque los míos estando muy lejos
no podrán impedirlo ya más.

Besarás algún día a un amigo
porque solo intentaste olvidar.
Olvidarás que yo fui tu dueño
pero mis versos jamás morirán.

Tus ojos mirando otros labios
recordando aquellos besos de ayer.
Dirán que son dulces a otro
pero amargos en tu pecho sabrán.

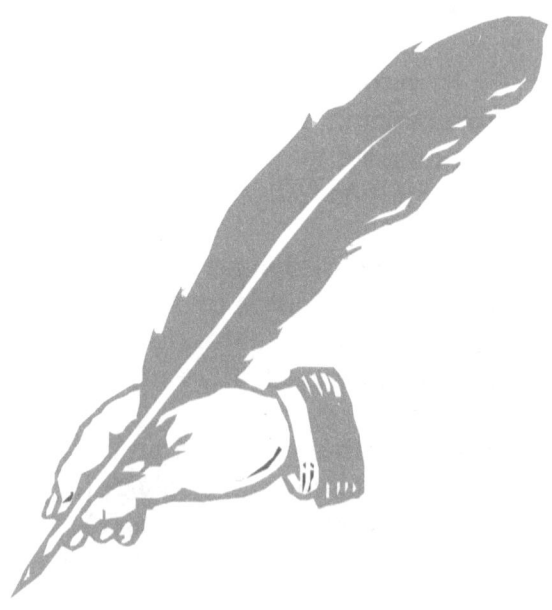

Serenata (Canción)

Llegará mi canción al sereno
a sonar bajo tu ventana.
Sonará a esperanza el verano
buscando tu dulce mirada.

Si la luz no se enciende yo muero,
porque tu sueño fugó de mi cama.
Mi corazón vestido de duelo
morirá bajo tu ventana.

No podré dejar de cantar
la canción que nació para ti.
Con sus versos me pongo a llorar
porque la luz se acabó para mí.

La guitarra arrastrando mi voz
triste acompaña el compás.
La ilusión de vernos a dos
también ha matado su paz.

Y no puedo dejar de cantar.
Esta noche voy a morir.
La mañana empieza a clarear
y la luz no se pudo encender.
Has robado mi última voz,
el refugio era mi cantar.
Mi estrella ya no alumbrará...
Serenata ¡qué has hecho de mí!,
serenata murió mi canción.

Como sauce estoy aquí (Canción)

Como sauce estoy aquí.
Estoy muriendo de pie…
Mirando como el horizonte
se aleja de mí,
sabiendo que a las sonrisas,
las hace dulces un pan.

Resucitan los días,
las flores se enlozanan,
los pobres se levantan,
y tiemblan los poderes.
Anochece la vida
con llanto de mujeres
y solo nos han dejado…
Las deudas de todo el siglo.

Tu camino abierto
con los zapatos rotos,
mi corazón llorando
con el latir ya muerto.
Tus ojos moribundos
esperando al día,
tus ojos moribundos
con las manos vacías.

Como sauce estoy aquí.
Estoy muriendo de pie…
Mirando como el horizonte
se aleja de mí.

Sabiendo que, a las sonrisas,
las hace dulces un pan.

La cumbre de gala
por el hambre del mundo,
el mundo de gala,
y la cumbre llorando.
Como sauce muriendo
con la sangre amarilla,
con el vestido viejo
y la sabia dormida.

Y yo sigo cantando
con voluntad bravía,
con éstas cuatro letras
y vuestra rebeldía,
con éstas cuatro letras...
y la luz de mi vida.

Bendita amargura.
Dios...
Quitadnos la pobreza que bendijiste.
Los hijos gritan,
algo más que aire robado.

SEGUNDA PARTE
(RELATOS)

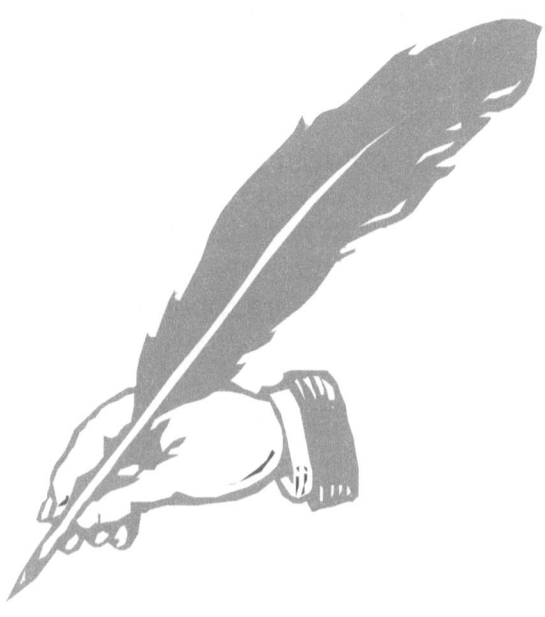

La calle de la casa vieja

El paseo comenzó... La fuente para el parque solo tenía la huella hecha por una solicitud firmada por los vagos de la esquina. La esquina, con el paso de las generaciones había perdido los vértices de la juventud, haciéndose como marchita en el centro, turbia en el horizonte.

En la vereda, el aire enfocado desde la ventana con sus cristales rotos solo revelaba los gritos a ras del piso, que los muchachos asaltados exclamaban, con la específica necesidad del socorro. En el fondo de las callejuelas, los campaneros desviaban la atención de los curiosos, al tiempo que acudían a controlar los nervios de las víctimas temblorosas. Parecían ser los más recatados del barrio; cuando el policía, rodeado de una imagen de veterano obeso, abordaba la silueta desentrañada de las calles casi desiertas, con la voz gruesa nivelada con piedras irregulares, decía burlescamente. "Desgraciados, te bajaron hasta los calzoncillos" y apenas era que faltaba el reloj. La tranquilidad disimulada reinaba por horas luego de la presencia policial. Los fumones en el centro del proyecto del parque, en una misa campal, entre el tiritar de las cajas de fósforo quemándose con los puchos de tabaco, hacían el ritual del incienso dominical en la más dramática aclamación al infierno, robustecida con las medias botellas de alcohol y los arrugados billetes robados. Los muchachos más disciplinados, murmuraban como atragantados con pedazos de palabras, por el vuelo sin fin, que emprendían en las nubes resucitadas del sabor de la coca, cuando se infiltraban desde los labios. Los más "Zanahorias", a unos segundos, comenzaban nuevamente con las ampollas reventadas por las brasas de los tabacos, que terminaban justamente en la punta de la lengua. El misterio infinito de la Diosa Blanca, no compartía, la obscuridad que les dejaba el sadismo consecuente, el destello alucinógeno que brotaba como trance de pesadillas, como largo metraje de terror, sólo que multiplicado, al mil por mil y dividido para uno, sacando de lo recóndito del cerebro, las imágenes más espeluznantes y perversas; los diablos revoloteaban alrededor del vago más temeroso; las mujeres desnudas arrastrando sus vísceras, se enredaban en los brazos de los más eróticos; las culebras con cara de ángeles desvestían a los santos y los ultrajaban; los pavos se suicidaban, y con sus almas impuras perturbaban los sueños de niños buenos en las noches de Navidad; las viejas murmuraban con cara de soldado reclutado por las filas inmensas de civiles en huelga, adormecidos por las idioteces de los dirigentes; los que temían al carcelazo, se desmayaban viendo al penitenciario más veterano, en el trance de sobornar al pelotón de fusilamiento, buscando evadir la muerte frente a la manada de gallinazos, que picoteaban las gotas de sangre resultantes de los fogonazos inciertos, de otros presidiarios que habían escapado de las balaceras, entre el trueno y el enterrador; las fiestas de los compadres se dañaban con el golpe más fuerte a la piñata, la misma que se convertía en la cabeza de un viejo perdiendo el hueso que cubría gran parte de su cerebro, en uno de esos trágicos accidentes de tránsito, que presenciaron los buenos y los malos del barrio; las risas eran una resonancia pacifista, llena de consonancias coristas, que poco a poco, reverberaban en las orejas sucias, de las comadres parlanchinas reposando en el banco solitario del medio de la cuadra; los primeros clamores perduraban en los paladares hambrientos, con zumbidos parecidos a noticias de última hora, pasados por bocinas acorneadas, que se oían en ecos distantes al disturbio, donde estaba el enredadizo humo blanquecino que constantemente jugaba con las plantas de algarrobo anestesiadas por la droga. Todos con los ojos poblados de bazos rojizos, lacrimosos, desplegados al martirio, hundidos en la penumbra y la sombra; otros, con las órbitas intranquilas, desorbitados, idos, las miradas congeladas en el punto más simple del pellejo sucio, que cubría la piedra más desarticulada. El grupo convencido, que el tiempo huía incansablemente del mapa de ilusiones, pintadas en las rugosas pantallas, que el humo de los cigarros sin filtro dejaba en el cielo color ternura, sobre el rincón del parque. Nunca se habían dado cuenta que el sueño de su vicio les dejaba el arrastre de un día de hambre, sobre la faz de un conflicto desairado que, los tabacos nunca pensaban solucionar.

El momento difícil tardaba un suspirar, luego se conocía en cada hálito de vida, el paso de un paisaje incontrolable, por las mismas fibras ópticas y los sabores dormidos en la garganta seca, que el hablador más atosigante cargaba, cuando brotaban los manantiales de agua fresca de los labios de la madre, invitando a comer. La conciencia, no descartaba el clímax eterno del infortunado caminar drogadicto, que el atávico cuchillero carcomía en su recuerdo.

No pasaban los turcos, ni los sicilianos; no había familias manejando el color de las personas, ni controlando la natalidad, ni la mortandad, ni flores para velatorios, ni manchas de pólvora en las carnes flacas de los fumones. La lengua larga, se controlaban solos por las puñetizas que se acercaban de vez en cuando por las cantinas. Los soplones, apenas tenían su tropiezo, se tiraban, se cortaban o amanecían por ahí con la nariz mirando a otro lado, o simplemente le ponían el dedo en la frente y lo despedían de las manadas de cabríos salvajes que fumaban hasta hierba buena, buscando solución a la ansiedad. Lo que no faltaba era el chuzo de mano. Se camuflaba en las botas de cuero, en la cintura o en las mangas de las camisas; pero nada más, para no dejarse ver la cara, porque casi nunca se veía una pelea campal a puñal. Las amenazas no se daban comúnmente, pero cuando se daban eran escandalosas, mandaban a un malandro medio conocido a decirle: Cuídate hermano que en la Circunvalación hay un lugar esperándote; o, Hermano cuídate que vas a amanecer con la boca llena de hormigas, o simplemente mirando al infinito; Estás como para comida de gallinazos. Casi nunca se materializaban las amenazas, porque, amanecían la cabeza torcida, los ojos hinchados, o la nariz circunvalada a cualquiera de los puntos cardinales. A los que, el vicio comenzaba a dejarlos completamente descarnados; poco a poco, los iban despistando a las cantinas de mala muerte, donde nadie los aguantaba; y, casi siempre estaban buscando la forma de hacerlos presa de un accidente, para que el negocio no pierda la reputación. El negocio de la Coca era super que peligroso, no había como escaparse del traficante, ni del policía cuando lo detenía; nunca se podía convencer, de que las formas propias del peligro que acarreaba la manada de insensatos, fuera la perdición misma de la raza, si dejaba, positivamente los mejores réditos en el camino de una fortuna. Las excusas de cómo aparecía el dinero, se iban perfilando bajo la misma viveza del negocio legal, que los trucos impregnaban en el dinero desviado hacia las ferreterías; los abarrotes; o, incluso, los negocios de cosas usadas, que como regla tenían que mantenerse en pie, para que la misma Policía esté convencida de que no había un origen testaférrico, de actividad económica lucrativa. Total, todo en las tiendas era controlado por la famosa palabra del comisario municipal, pero el único negocio del que no había control sanitario era el empacado de las pequeñas cantidades de polvo de cocaína, mezclado con sal refinada, con harina de hornear o bicarbonato, total luego de recibir la plata no había nada que hacer. Pues los mariguaneros en sus escases revoloteaban como moscas sobre la mierda seca del ganado, rezando, de pronto encontrar los hongos crecientes para cortarlos y secarlos a la fuerza, bajo la desesperación de la ansiedad.

No había ley, que controle el fenómeno maldito de la ansiedad, los ladrones trasnochados, ya en su retiro, desayunaban con el pucho de algún tabaco que se había quedado, vencido con la quemazón de otros labios insensibles.

La piedra angular, fallaba los viernes tarde, los sábados a las diez, a las dieciocho, esa línea de casas hundidas en el relajo se tornaba como las callejuelas de la iglesia la Merced, de San Pablo, en el tumultuo de las procesiones y las penitencias; o, como las columnas de muchachas vírgenes del colegio religioso cuando hablaba la madre superiora. Así era, todo un ambiente de domingo después de almuerzo, sacudido en los nervios evolucionados. Eso pasaba, porque el corretear de los patrulleros, hacía transformar el son diabóliciaco de la calle atosigada de estruendos, tormentos y vibraciones de ecos estrepitosos, rompiendo el tambor mayor del alma. Las salivaciones de algunos que se quedaban sin la dosis batían en el interior el estruendo de una guerra de rezos, para que las batidas policiales finalizaren. Apenas Dios escuchaba las oraciones, pasaba el trajín de los operativos, las suposiciones de los consumidores se limitaban a sacar las orejas en los lados que las ventanas habían liberado sus cristales trisados, mientras la misma vieja con cara de milico recién ascendido, buscaba recaudo para avisar que el peligro de los patrulleros policiales había pasado. Los reflejos azules y rojos en los cristales apagados de las ventanas por el lento atardecer se iban alejando del matiz enflorado en la calle de los vagos.

Era popular el silbo de malandrines en claves convencionales, tiritando para huir de las operaciones antidelictivas que dejaban los ecos de las sirenas, mezcladas con los gritos de auxilio del "flaco julio", o del "alacrán". Veteranos que, en su tiempo, convencían a cualquier incauto para que pruebe la pastilla que remediaba la impotencia del hombre, de no poder volar. Los policías dejaban su huella impregnada de seguridad por varios minutos, poco a poco se reanudaba la circulación de la calle, empezando desde las afueras hasta el centro de la zona roja. Los que se quedaban en los alrededores del parque, tenían su lugar para colocar las hojas de tramontina afiladas a muerte. Los muchachos que todavía no cambiaban la voz, con el corazón entre el pecho y la garganta, casi no respiraban, y el latir era incontrolable, apretaban sus nalgas para disimular, pero se orinaban; otros se ajustaban al contrario y resultaban después de las batidas con unas carreras inalcanzables, hasta la cuneta más cercana con papel en la mano. Claro que para disimular de las viejas y los panzones que casi nunca quitaban la mirada del parque adoptaban la posición menos sospechosa, buscando los caminos más cortos. Por lo general, luego de que pasaban los patrulleros, había una segunda vez, todo en instantes se volvía normal, se bajaba el Policía más inmenso con tolete y gafas, sacaba su pistola y miraba alrededor, guardaba su pistola nuevamente y decía, no pasa nada.... No hay ni un chilpe, carajo fumón por estos lados. Subía y se acababan los operativos. Los carajazos no superaban la putrefacción del montón de vagos asustados que circundaban en las aceras. Los putamadrazos ardían en los oídos de los más rebeldes, explotando en el escándalo de proporciones que se sustentaba, mientras se mofaban del policía después de su retirada.

La retirada se marcaba con una vuelta por las calles desérticas, transbordadas hasta un silencio impenetrable, fortalecido por la soledad de las esquinas tinturadas, con los garabatos más raros de los muchachos escribiendo sus logotipos destronados del sueño imperecedero en su ausencia nerviosa.

El silencio hacía una explosión estirada en las orejas de los chismosos que nunca tenían un momento tranquilo, siempre se mantenían, comentando las penas resucitadas de los maltratos sociales, que firmaban los consumidores de la droga, en plenos maduros con queso; o, del maltrato de las persecuciones lenguaraces que se desgajaban de las viejas, cuando calentaban los tubos niquelados ubicados en los bancos de concreto, construidos cerca de la puerta de calle, por si acaso, un relajo de malandros arruinara el chisme. No siempre se dañaban los chismes, a veces el redoble de trocitos de vidrio cayendo al seno de la calle y amasados con las caras de los ladrones que se arrastraban entre ellos, no permitían la huida de las chismosas, todos los curiosos casi se metían a las peleas por ver quien arrastraba a quien. Lo que siempre hacía guardar con exigencia hasta los vidrios, era la luz parpadeante de las balizas de los patrulleros o el silbido agudo de las sirenas. Pues, cuando llegaban santos y santurrones desaparecían. Las voces estrepitosas que descoordinadas irrumpían en los ventanales: Eran de las viejas que gritaban como haciendo barra "Corre flaco julio" "Alacrán… la poli" y los policías nuevos en susurros contestaban "hasta los perros huyen".

Cuando empezaban a ver como se abría la puerta del carro policial, un hombre grande, bajaba su bota cubierta de reflejos charolados, la pistola enmohecida, las arrugas de sus brazos como abandonadas al reflejo, una mirada adormeciendo mi silueta y la esquina confabulada para detenerme invocando espadas tras mi espalda. Cuando tiritaba mi garganta en el desesperante atajo, desperté.

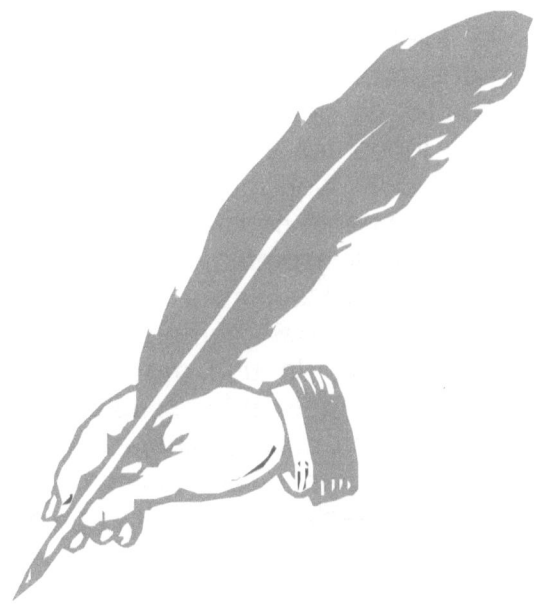

Viernes de adulterio

I Parte

Era flor de un jardín, muchas de ellas tuve para mí. Creo que los colores nunca importaron, así como no importa el color de piel de una mujer cuando sus ojos brillan sobre nuestro dibujo, haciéndose dueña de nuestros corazones. Lo que tengo que recalcar es, el día en que se bautizaron esas escenas, en una mirada que fríamente clavé sobre sus pechos pequeños. Fue un día que tuve un beso de aquella flor, que por cierto, fue de ángel evolucionando en una reina. Hoy tengo un beso de otro viernes de adulterio en mi recuerdo. No sé, pero era el segundo día con la cruz haciéndose trizas, por las costumbres conservadoras de un cerebro que incoaba a cada paso, cuando mantenía la idea de dirigir el amor a otro corazón. Sobre el pensamiento despejado y fuera de la sospecha en un cuadro de pensar meditabundo, de los hijos y la madre, que inocentes y absolutos de fidelidad recogían el amor de padre. Con toda la luz azul de un edén terrenal, muy terrenalmente construido, con la esperanza coronando las noches de insomnio, los amaneceres tibios, los horizontes lucidos de los ojos a medio día. Peor cuando sentía a plena flor del tiempo el resplandor de un juego extramarital de una muchacha de dieciséis. Era una fotografía realmente cleopátrica, claro que hablo de las magistrales curvas dibujadas con el más fino punto de líneas sagradas reconocidas por la historia; con un aura divina revestida por una virginidad saliendo a despertar. Todo un rito escapándose en las gotitas de sudor, salidas de un solo cuerpo, dando en los vidrios de aquellos ventanales oscuros que coartaban nuestra presencia en la esquina.

Los cojines de los asientos se convertían en los cómplices del espacio enternecido, que el centro del carro nos prestaba para el saliente enrollamiento de nuestros cuerpos. Mí silueta, a veces, casi dormida por los extasiados ademanes, cubría el cuerpo esculpido de sus curvas perfectas, en las mismas consecuencias abordaba otros ademanes, desorbitantes, explicando el allanamiento a las tentaciones del sueño, del sabor mismo y la sed de cópula que nacía cada vez con la ambición de llegar al vientre y traspasar hasta llegar a calmar los latidos del corazón.

Los chillidos desesperados inauguraban los oídos ansiosos. El viernes se convirtió en el espacio dulce de momentos intranquilos rebotando en las miradas. Las misiones se desplegaban en la orilla del camino, como manto fantasmal en la orilla del mar. Todo empezaba cada vez que sus senos descubiertos entraban a mi boca, con las vagas pasiones que dibujaban los éxtasis hambrientos, intentando de una u otra forma plasmar el placer y la mueca de criatura masturbándose. Pues solo atrapaba las virulentas ideas, sobrepasando el pudor de la escena trasnochada, circulando para nosotros en la sinceridad. La misma coincidencia, interrogándonos sobre qué dirán, de una aventura criticada por todos los tiempos. Peor cuando la jovencita apenas gastaba su virginidad en cinco salidas en la ruta de las palabras poéticas de un gran sobrepasado escritor de poesías. No sé quién podría absolverme si el pecado no estaba tachado por ninguno de los sentimientos más antiguos, peor era recriminable el placer que no podía irrumpir como eco entrecortado en el viento de nuestra desnudez. Los rumbos escogidos estaban decididos bajo una sola perspectiva, alejándola del pecado. No había mentira, porque todo estaba dicho, el pecho de nuestras mentes sabía todo, aun así, los que rodeaban nuestros silencios, nadie lo sabía y nadie lo preguntaba. No se ventilaba para ninguna de las partes la idea de víctima o victimario. El columpio del parque que lloraba en cada vaivén traducía los pecados absorbidos por cuanto sea posible interpretar en el silencio arrugado que dejaban. Sin embargo, las ideas de juegos infantiles se trasladaban: de una forma, a la casa escondida; y llorosa, a la del par de hijos. No se pensaba en aquellos trópicos prisioneros que podrían encerrar la locura del placer en otras rejas. No, todo era un crudo camino con barreras entrelazadas poniéndole susesividad al placer con el nexo exótico de una mirada virilmente despiadada, fuera del formalismo, o vorazmente abrazadora por el acto suave y locuaz del destino sexual del hombre, con la caricia enternecedora de la locura de los dieciséis mentidos. Los zapatos de correas no desgastaban el piso que quedaba mirando al techo, pues hacían un conjunto con la minifalda enredada en la plataforma y la hebilla de aquellas correas.

Bien, una lucha de golondrinas ejecutando los coitos al vuelo celestial de un universo solo nuestro, libre desde el instante mismo del locuaz espectáculo genesiaco, embarcado en el rompimiento de los esquemas dibujados por las buenas costumbres, solo enlazado por la energía jovial y el desdén inducido por el hambre, y la tentativa al considerar la idea desnuda para siempre.

Así empezó la caída libre de las semillas desconocidas, de una conducta seminal frondosa, hasta la fosa eterna de la productora de hálitos vivientes, fortalecida más por el sentimiento que brotó en la noche de un viernes negro. Una subliminal figura impresa en su vientre delgado y sus pecheras jovencitas arropadas con las palmas de sus manos, que, al cobijarse con mi pecho, la sombra de su naturaleza esculpía la pompa escultural entre los muslos y la garganta.

Los besos en algún tiempo no sentían el tráfico desprendido de sus manos, no encontraban un rumbo cierto por la trayectoria irregular de mi cuerpo. El mismo destino jugaba con la presencia de un correcto y deslumbrante edén. Otras veces el mismo edén matizado para el pensamiento de muchos con una sombra brumosa del perfecto infierno, seduciendo las tentaciones bárbaras y estrepitosas de las más malignas intenciones. Pues, mientras ella gozaba a cada instante de la luz de la luna y varias estrellas, yo a cada segundo trasnochaba las horas haciéndolas imperecederas.

Las numerosas creencias que circundaban en las mentes de los niños espantados en los atardeceres hacían presa de nuestras cabezas conforme pasaba el placer. El destello de los promiscuos movimientos de la debilidad sexual de aquel cuadro apareado no dejaba ingresar ningún inconveniente del montón de circundantes vacilaciones criticonas, que el vulgo amamantaba. Creo que toda la batalla librada con los cuerpos tempestuosos, escurriéndose a una fuente gigantesca, habían puesto un punto al verdadero acto que los coitos sucesivos confirmaban para ir diseminándose entre las entrañas primerizas.

Lo crucial fue un gigantesco relámpago, un cerrar de ojos con la boca abierta, un Hay... saboreando un desesperante desliz entre la suavidad sublime y la falta de respiración incontenible, marcando otro silencio, otro cargo de conciencia u otra etapa controlada de la vida. El inicio de estos pasos tenía marcado el ingenio, la humildad y el mismo miedo, pero ya se había abierto un túnel al nacimiento del martirio. Mi casa fue el primer pensamiento antes de proseguir con las lágrimas desleídas en los pómulos circulares y bien formados de ella. Aquella fotografía de revista de mujer dormía en mis brazos, posando únicamente para mí, en la escasa media luz circundante de aquel espacio reducido, por la forma artificial del cuadro grabado para la eternidad. Aquel espació evitó que navegue tras su espalda, tras la misma escenografía que siempre fue la misma esperanza.

Con el suave trinar de la música importada que hacía entusiasmar la mirada de los suspiros despejando una ventisca. Se podía notar el mismo capricho de sexo y la mueca en el trance de aquella faena deshecha, con el furor de los cuerpos excitados, marcando un inicio a un nuevo espectáculo de noche sólida en la universidad. Los libros y el auto, con las condiciones de pasaportar, el hálito de otras flores sofocando la virilidad de un poeta interpretado en verso crudo. Aparentemente marcando el génesis de una nueva poesía con los titulares de una historia de amor, surgiendo al eclipse extraterreno de sus recuerdos.

Pero que palabras dulces. Que sentimientos escogidos. Que paradigmas rotos en la tertulia, como las copas triscadas en la misma bohemia enrredadisa. Los Ojos bonitos, la cara de muñeca, cualquiera de las cosas dignas de exaltar se rompía con la mueca inevitable del llanto, del luto instantáneo y la noticia de un adiós irreversible. Aquel dibujo de arco iris imaginariamente traído para florecer en sus ojos, escapaba del control mental para transformar toda aquella bendición en un prismático mural de rayos y truenos, enlazados en una tormenta. El cielo sin piedad encorvaba su cuerpo para arropar con su tristeza, el pesar de la noche de aquel viernes negro. Hasta hoy tengo la esperanza de volver a ver los ojos que aquel conjunto de minutos formo un largo paisaje en mi vida. Los libros en mi mano aún cargan esa esperanza. Las frases de esa noche están aquí.

II Parte

La caída de los pétalos que absorbía la naturaleza seca de un pedazo de tierra en la orilla hacía infértil el grueso terrón de arena, formado con la unión de algunas gotas que el derrame de aguas azules había salpicado. Las notas de pequeñas palabras tejidas con iniciales adoptaban el régimen probatorio de un acto candente y censurable, para las chicas parlanchinas que hacían volar las ideas, en los cerebros adelantados de las compañeras de clase. Podría haber dicho que el silencio marcado en clase era calculado por el innumerable pulular de ideas sembradas en las épocas de mujeres bonitas, o de los años soñadores que dejaban de vez en cuando una aventura.

El paso de uno a uno de los minutos decía cuán absurdo podría ser el tiempo, cuando las miradas estaban desgajadas para mí. La anatomía de cualquiera vistiendo pantalón al cuerpo, parecía dibujar unas líneas apacibles a mi vida, un relámpago brotado de sus primeros pensamientos desnudos, cobraban vida con el oscuro tambaleo de mis ideas bajo los calzones completados con florecillas. Quién como yo, un admirador de las líneas pulidas y trastocadas por el mejor arquitecto para definir su inocencia, para definir el estampe y la suavidad, que resumía como gota de agua escapando del torrente de las reclutadas por el río. Ideas que pronto podrían envenenar el silencio, o trastornar el mismo sentimiento de buscar un consuelo a sus tristezas, o el remedio para sus arrogancias.

La noche creciente de un jueves, había rebotado con otra ilusión de compartir aquel regazo moreno endurecido por la jovialidad exuberante de la muchacha de ojos verdes. En su candidez, había abordado las fugitivas ideas de sexo, dando vuelta a las semanas desde un viernes que sucumbía con su incansable soñar. La puerta de mi auto casi abierta sonaba en los altos y bajos de la carretera cuando la velocidad impresa adormecía la dirección del volante. La esquina se prestaba para estacionarse. El viernes negro regateaba persiguiendo la imagen viva de aquella noche lejana. Coloqué en reversa y accedí hasta la topografía perfecta de aquella esquina. Los libros desmayados en sus brazos se hacían cargar, el bolso pequeño colgaba de uno de sus hombros, mientras detectaba el crujir de la puerta. Los pasos diferentes permanecían en movimiento, olvidando que se terminaba la esquina. Los ojos entrecruzaron el agitado y periódico trajinar. Cuando la búsqueda de las pupilas verdes desojaba un brillo naciente, la muchacha de las pulidas uñas y los ensortijados ramos de pelo a cada lado, coincidían con la propuesta que fraguaba mi osado síntoma de brindar la costilla bíblica. Para probar su confianza el auto recogió la sensible figura, que hacía reposar sus manos en sus piernas. Ante sus miradas temblorosas de pupilas intranquilas, comencé a pronunciar el sigiloso tema de las andanzas de buen amante, de la perfección intacta en unas palabras rápidas y románticas. Pernocté con la idea de preguntar, cuantos besos enfocaban aquellos recuerdos grabados en un posible pasado confundido entre las miradas y aquella esquina. Aquellas unían una voz de cuantas oportunidades hubieran resucitado en el pequeño cuerpecito de muñeca, seduciendo las miradas de un niño que jamás la pudo tener.

La propuesta indecente no tardo, como no tardo la respuesta inocente y diplomática, como la respuesta que yo mismo hubiera pensado con el coquetear de alguien, a quién yo no hubiera querido desairar. Bajé la mano del tablero afelpado y a las anchas satisfice el misterio que mi mano informal buscaba. Debo decir que las flores de cualquier jardín hubieran soltado sus pétalos, al revelar la impresión que mis ojos caídos en la locura pregonaban sobre sus fibras, para dejar sin rienda a mis intenciones. Busque la forma de pintar mi corazón con palabras bonitas, halagando que los ojos verdes que cargaba eran una dotación del cielo. Aquella morena de ojos cafés con pelo claro no despertaba pensando las frases que nacían tiernas al irresistible sonar de las cuerdas bucales, pronunciando el adjetivo musical. Entre tanto, la llegada sospechando la caída de los pasos de aquellos glotones callejeros, que insólitamente estaban cautivados por las curvaturas de sus piernas, sus sonrisas y el movimiento de su pelo entregado al viento. Dijo: Mañana en el mismo lugar. Cortó la fantasía. En el lugar que el recuerdo me fijaba una crucial hermosura. En la esquina que había recogido su cuerpo. Aquel lugar solo marcaba el inicio que esperaba ser resuelto en la noche sin frenos, donde sustancialmente perfilaba el amor. Las notas adulteras que conocía, estaban impregnadas de otra inocencia, otro silencio y un pequeño retazo de sonrisa. Los vidrios del auto se subieron escapándole a los cruces sin retorno que dejaban las esquinas cercanas a la orilla, marcando el paso de automotores y la fortaleza verde de los algarrobos. Las palmeras hacían un solo matiz, dibujando una sombra que encubría las miradas de los que guardaban su integridad. El auto bajo la palmera. Los besos desenfrenados. Pedazos de palabras alborotadas incendiando la ternura de una piel suave. Las bocas queriendo perfilarse con palabras y diciendo sucesivamente en murmullos casi suplicantes de sensualidad, el arrojo que preconizaba la relación. Quién podría respirar adormecido por un pequeño cuadro de amor en noche de estrellas y palmeras, esperando que los gritos florezcan al medio de una sombra costeña, bajo la mismísima mirada de las oleadas del aguaje... Nadie podía tener el abrazante despilfarro de caricias que surgían, con las piernas jovencitas teniendo sus manos ocupadas en mi cabello, en el bautizo de la felpa nueva del tablero del auto. ¡Qué trenzas!, hechas en la intención de ser eternas circunstancias de seducción. Todas abiertas, mostrando lo que el pelo suelto hace dentro de la intimidad y la espalda. El viernes absoluto bendecido por la salivación descomunal de los dos en las intenciones de trasnochar y perpetuisar el instante en un solo suspiro y hacer de cada suspiro un hálito, encendido con la luz acuchillada de la luna y el viento bajo las hojas de las palmeras.

Los instantes escapándole al reloj, adoctrinado para que suene a las nueve, las caricias despidiéndose de su etapa de simplicidad y entrando a un carácter desarrollado, imponiendo el requisito más sutil y a la vez más intenso, que el mismo clímax perfecto. La blusa no sabía el color de la noche cuando insólitamente siendo blanca se tornaba invisible en el sudoroso ritual del poeta y la universitaria. Los vertiginosos epitelios de aquella flor entregaban su forma, como persiguiendo entregar aquel último sabor picante que sus entrañas portaban. No había tregua entre la más intensa sabiduría florecida en esos instantes, aquellos puñetazos enviados al silencio, seducidos regresaban respondiendo con doble intensidad al cuerpo encendido en cólera sexual.

Diré hoy, que yo mismo plasmaba la intención que cualquier otro poeta hubiera recibido de una musa. Yo mismo hubiera querido dibujar esa ventana con las huellas de los descalzos dedos de los pies. Una revolucionada huella de nube, una huella con un sin fin de estocadas, puliendo las huellas digitales en la palanca de cambios. Todo un paisaje desconocido en la figura decorada de las partes sobresalientes del auto.

Las agitadas escenas despedían un murmullo de gatos. El latir imperecedero de un corazón. Toda una banda de pesados rockeros increpando con la música latina. No pudo vivir el mismo murmullo para el éxtasis que se bautizaba con un apretón de uñas en la espalda. El cansancio desbarataba la melodía que jamás hubiera quedado en los oídos, si no hubiera desprendido las fibras que compusieron el escénico y magistral encanto, del momento, de ese bendito viernes negro que, al mismo tiempo, era una invención.

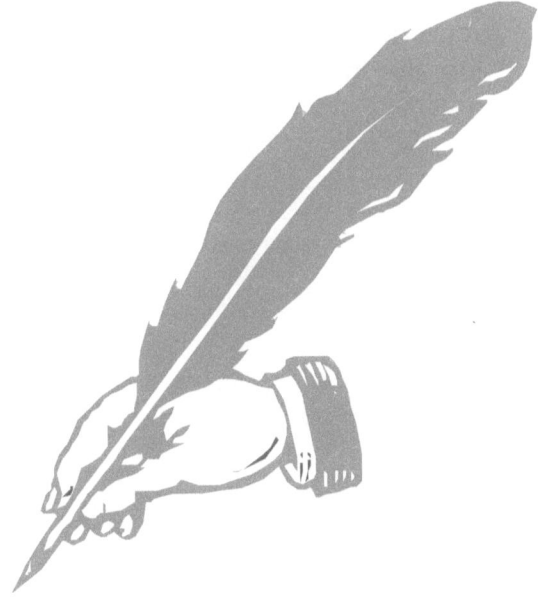

Poemas al viento

Quiero sentirme como un rayo de luz volando solitario, ser necesario para las multitudes soñadoras. Quiero ser la alternativa indispensable para que tus ojos puedan concebir la vida, en medio del destierro individual de este mundo incomprensible. Podría entender mi silencio, pero en medio de mis anhelos se consume lo desastroso de mi esperanza, porque solo puedo ganarle tiempo al tiempo en la oportunidad de la muerte, con una mirada tuya. Porque mi razón de ser es existir en ti, aunque sea después de muerto. Hoy mi cama ya no es el lugar de descanso, es la opción blanca para recibir mi último fracaso. Sé que soy cobarde, que muero en vez de intentarlo, que, siendo mi anhelo, ser la luz de tu vida, hoy agonizo sabiendo que seré para tus sentidos apenas un recuerdo, una lástima, esperando por consuelo, que tus ojos alumbren el camino de mi muerte, con una mirada.

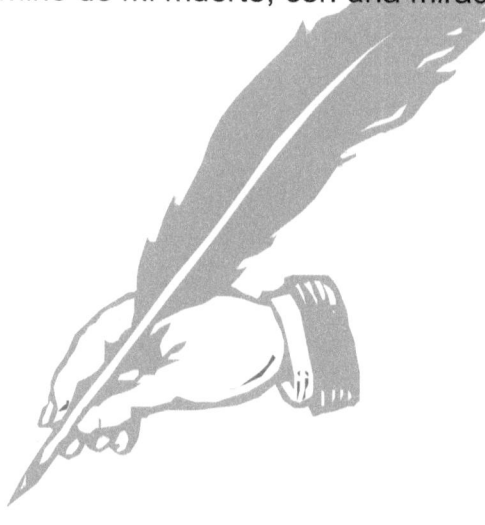

Poemas al viento

La historia de mi vida, un puñado de relámpagos brillando con la misma intensidad, todos mis sentidos deambulando en un lugar diferente, por un mismo punto. La rosa de mi casa, la flor de otro jardín y otros jardines. En fin, flores de colores diferentes. Otra vez la mirada perdida en un bosque imaginario de lirios dormidos. Incierto el aletear de mariposas que nace en el crepúsculo inconsciente. Mi vida, otra vez puñetazos dirigidos al silencio, fondo galopando hacia la podredumbre, extirpando el bagaje inconcebible del destino, con el sentido final de la vida.

No presiento la dirección de mis pasos, pero caminan por los protocolos, sin barreras que detengan el palpitar altivo de mi sombra, frente al desvío que la vida me dio ante las limitaciones que carga el alma que nunca existió. En mi sombra, en mi aletear por este mundo, no está tu sonrisa, no están los pajarillos que dejan insonoras las sonajas de los árboles y aunque vibre cercano el murmullo de la gente, sigo siendo sólo en el vaivén de la avenida.

Poemas al viento

El mundo está lleno de bendiciones: alumbrarse de las palabras, es lo más apacible, porque las ideas nacen de la completa entrega al pensar, de la tranquilidad, de los lugares de paz, siempre llegan a concluir algo, incluso lo más absurdo en palabras puede levantarte a seguir batallando cuando ya parece que te han vencido. Una vez alguien me dijo "podrás ser cualquier cosa, pero menos poeta", fue tan absurdo, pero busque la madera para construir con el más anhelante de mis retos, la imagen de un poeta, por cierto, todo salió a la perfección, a mi costado estaban los mejores poetas de mi vida. Mi familia. Por eso confío en las palabras, ellas te llevarán donde quieras llegar.

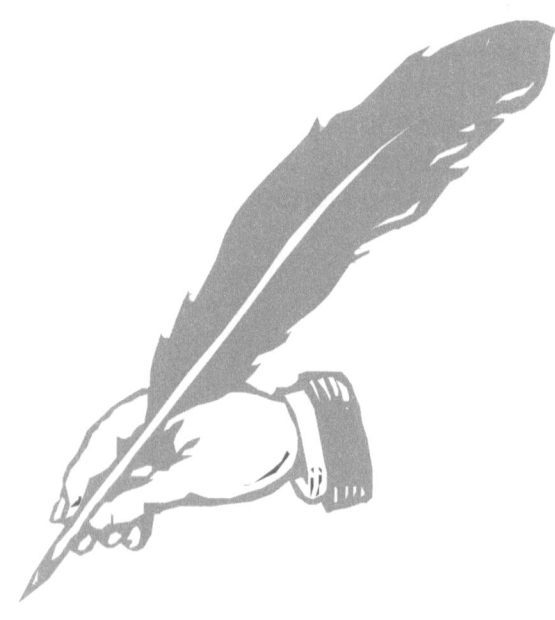

Poemas al viento

Yo Siempre he dejado notas románticas, una vez deje esta por despedirme con alegría. Parecen correr los vientos a voluntad del tiempo, parece que el tiempo corre cuando estamos juntos, quiero decirte que busquemos mil noches frías para enredarnos entre las lianas salvajes y tal vez así, los sueños y el susurrar del tiempo, se plasmen bajo nuestros ojos, y lo que el tiempo corre y el viento se lleva, caiga siempre en nuestros brazos, como en los grandes finales, escribiendo para nosotros la dulce frase que despertará todos los días de nuestra vida "…, y fueron felices por el resto de sus días".....Edwin Antonio Gaona Salinas.

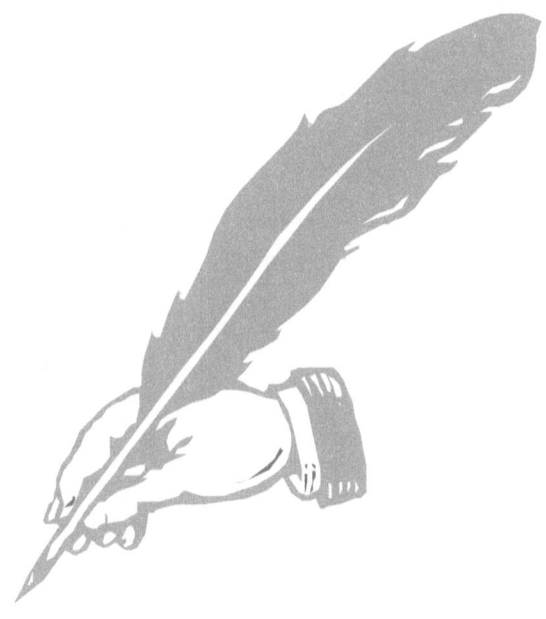

Poemas al viento

Cuando quieres ser feliz, siempre buscas hacer una sonrisa con los demás, esa sonrisa casi nunca está, porque otros están buscando el camino para llegar a ese estado del ser, con el sueño que alguna noche fría les dejó.

Yo mismo no he podido alcanzarla para que perdure, cada vez hay menos cosas porque sonreír. Pero: Si quieres hacerlo piensa en la vanidad que nos arrastra, trae un sinnúmero de emociones con las que podemos llegar a sonreír. Por eso debo saber, que, al decir esta verdad, puedo hacer sonreír a los que casi nunca soñaron hacerlo. Se que al final de una noche fría, de una gran tristeza, o del peor infierno, siempre brota una sonrisa. Mira como la calle se llena de caminantes exponiendo sus formas, sus copias, sus peinados y como cada cual es más cómico con la seriedad de sus disfraces.

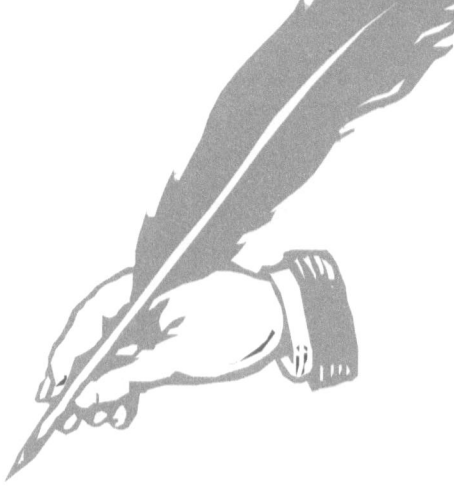

Mis frases

El consejo del padre hace al padre.

La vida de un hombre tiene muchas luces, por eso la primera luz que se pierde no es la del final, las que resisten hasta el final, apenas son el inicio en la claridad de otros.

Cada vez que esté frente a los ojos de otro debo ser increíble. Porque ser increíble es alcanzar la supremacía con el respeto a los demás.

En este tiempo ser honrado es la utopía del siglo, el ofendido que tire la primera piedra.

Quien dice tener los mejores galardones solo existe en su fantasía.

La traición nació del amor, pero siempre vivirá en el odio.

Escribiendo poesía empecé a amar, mi vida ha sido amar y mi fin no ha sido escrito.

En mi cuerpo solo existen palabras abriendo la libertad, en mi pecho una estrella que guía esa libertad y cuando hablo de mi libertad, solo estoy recalcando que soy un perfecto esclavo.

En mi epitafio quiero que diga: Si por ser justo ofendí a alguien, que me perdone y si no lo hace, Dios me absolverá.

Autoridad no es el que impone: Es el que comprende. Porque ser comprensivo no significa ceder ante el conflicto. Significa tener equilibrio para dominar el conflicto.

Solo las mentes cortas juzgan a todos como a uno solo.

Los actos desquiciados son personales, los de bondad son públicos. Lástima que el desquicio tiene dinero y la bondad es indigente.

La muerte es un momento para los valientes, la herida es la oportunidad misma para los cobardes. Para los hombres íntegros no existen, porque sus retos van más allá de la vida.

Jamás desfallezcas ante el peligro, jamás cuando te asecha la discordia. Hacerlo te da el título de cobarde.

Cuando la voluntad es apasionada casi nunca se yerra.

A veces es más dulce el camino que la meta.

En la oscuridad siempre habrá una luz azul. Se hizo para que logren levantarse aquellos que intenten seguir.

La mediocridad culmina en el odio

El estrellato llega hasta la fama. Pero la humildad perdura en la existencia.

Cuando se emprende y se falla, es porque la voluntad no partió igual.

Para llegar hay que saber si el final te trae. Sólo ahí sabrás que el éxito té ha llegado.

El emperador irreversible es el infinito que creó el hombre, al colocar una medida para el tiempo.

El buen profesor jamás tiene malos alumnos, lo que existe es el polo del mal, desarrollado en los malos profesores.

Al castigo ponle una sonrisa de bienvenida, cúmplelo con la mejor humildad, quítale todo su peso, sabiendo que llegó porque la mente de tu cuerpo lo ha pedido.

Lo que hace grande a un hombre no es el dolor de las espinas que su cuerpo ha soportado, es lo que logró aprender para jamás volver a espinarse.

La sabiduría está en aprender de lo malo que otro soportó, consecuentemente ya ha pasado todo.

El hombre que cree que tiene el corazón para darlo, sabe que la muerte no es el fin de su nombre.

Todos somos las palabras perfectas en la mecánica que formó el renglón de la historia.

La historia es un concurso de actos encajados en la visión que favorece la honra de los famosos.

El camino de la perfección existe, el hombre es un ser perfecto. Pero como todo tiene un final, el hombre se perfecciona con la muerte.

La primera impresión es la mayoría de los peldaños en el camino al éxito.

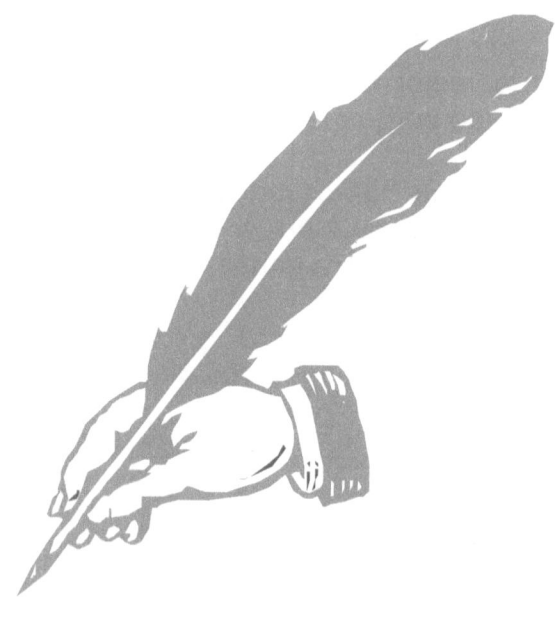

A Loja, la que me vio crecer.

Loja, la centinela del sur. Tierra en cuyo seno se forma el hombre cabal, digno y patriota. Raza de hombres robustecidos por el valor y la poesía. Glorificados con los versos plasmados por sus plumas, en el canto, en la poesía misma del sentimiento fraterno, de los que hacen las letras en las líneas transparentes del pentagrama austero de nuestra madre tierra. Figuras esenciales entre las notas románticas de las metáforas que hacen los colores de los pétalos y las alas de las mariposas.

Loja, la castellana, la que en su cielo refleja reverberante el marfil blanco del corazón lojano; donde canta el poeta a la primera luz del sentimiento; y duerme una raza altiva que en otros días fuera la estirpe de una nación. Tierra fecunda y prodigiosa, donde el madurar de mieses dice la pujanza de sus hijos. Donde el sabor de los vinos fragua la inocencia de sus mujeres.

Noble y altiva Loja mía. De esta tierra de patriotas y pensadores, de esforzados hombres de trabajo y abnegados símbolos de la patria castellana, así surgen valores que han enaltecido la ecuatorianidad en las diferentes latitudes del mundo, cuando en las palabras llenas de victoria se recorrió sobre la faz del planeta, con la misma gloria de los héroes: Los párrafos sabios de Benjamín Carrión y las notas musicales de Salvador Bustamante Céli. Así recorrió el ejemplo de la ciudad más limpia de América, cual corazón de hombre Lojano, así veis a mi tierra. Como la vio inocente y aturdida aquel escritor que pintó con galantería El Éxodo de Yangana.

Dónde estás Saraguro el indomable, dónde estás Villonaco resplandeciente, dónde estás Vilcabamba, en la fuente de la juventud del planeta. En Loja un mundo de diversidades engalanando la silueta de la luz, entre el manojo de adjetivos exaltando su ventura y el arco iris del Ahuaca. Dónde está la Plaza del Inca, aquel descanso de Caciques, que bautizada por sus ancestros no es reclamada para constancia de la historia.

Donde está la reina de los milagros. En Loja, la provincia de los versos dulces en los cantos milagrosos del Cisne.
Retazo de cielo en los ojos virginales de tu fino estampe, de tu pompa dormida sobre el correr blanquecino de los renglones substanciales del existir, bajo un paraíso durmiente para los ojos de los que alucinados nos miran.
El Poeta Máximo Rodríguez cuando escribía a Loja su himno tan musical y simbólico decía. "Hubo allí tantas aves y flores / Que en rato de intensa alegría / Surja aquí la ciudad de María / Dijo el bravo y creyente español.
Por eso para la tierra que me vio crecer, entre el hablar castizo y el aire de juglares, para ti, regalándote mis letras con las consonancias enraizadas en la sangre, como el machete en los huertos o el hacha en las montañas, con su furor bravío empeñando al sol el ardor de la pobreza.
Pero ahí estás entre las praderas y el unísono trinar absoluto de tus hijos, el espíritu bautizado con soñadores, brillando las palabras de una poesía rebuscada con la literatura castiza en la órbita terrena.

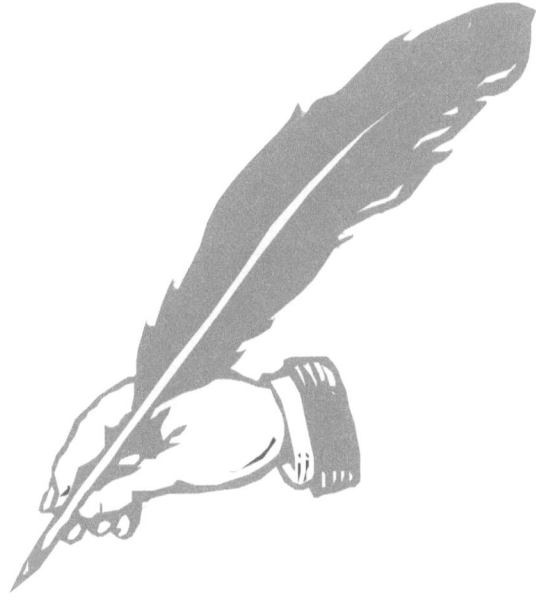

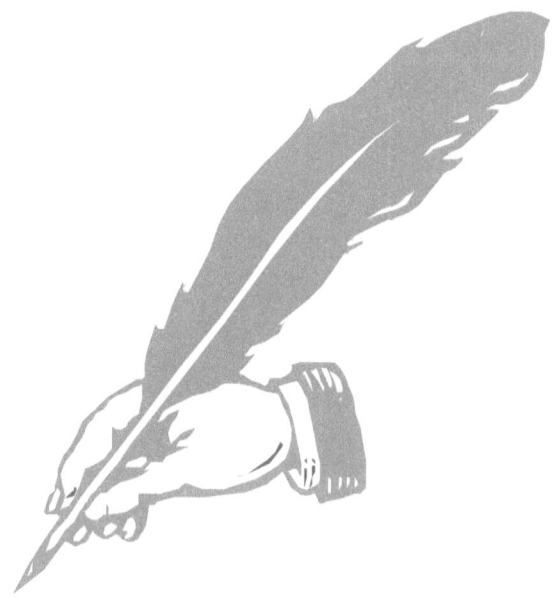

CONTENIDO

Poemas al viento 3
Agradecimiento 5
Dedicatoria 7
PRIMERA PARTE 11
Amar y querer 12
El récord de los besos 14
Adulterio 17
Partirá 18
Poesía 19
Capricho. 20
Pensando 21
Vivo para tus ojos 22
Dos puertas 22
Te extraño 23
Distante. 25
Cuerpo de Miel 26
Muerte en América 27
Hijo 29
Poetas, Quijotes muertos 30
Por la muerte 31
Poesía 32
La herencia de Juan 33
Poema 34
Mi pecado 35
Sólo yo 36
Lo que dejó el amor. 37
Huye… 38
Ven conmigo 39
Caminos después de ti 40
Sigue… 41
Tortura 42
Como pasa el tiempo 43
Libérame 44
Estoy aquí 45
Al final 47
Mirando el luto 48

Los hijos de los Policías Muertos.. 49
Mis espuelas. 51
Nada para otro molino. 52
Calvario.. 53
Carta a Jesús 54
Tengo doce años.. 55
General de la vida 57
A un final 59
En un insomnio 60
Pesar 61
Locura... 63
Te vas (canción) 65
Serenata (Canción) 67
Como sauce estoy aquí (Canción) 67
SEGUNDA PARTE... 70
La calle de la casa vieja.. 71
Viernes de adulterio 80
   I Parte.. 80
   II Parte 86
Poemas al viento... 92
Poemas al viento... 93
Poemas al viento... 94
Poemas al viento... 95
Poemas al viento... 96
Mis frases... 97
A Loja, la que me vio crecer... 101

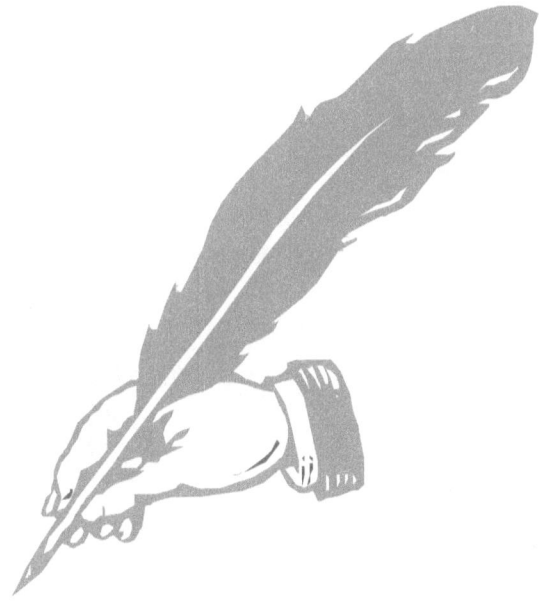